ARRÊTS ADMINISTRATIFS

ET

RÈGLEMENTS

du Conseil provincial et du Conseil supérieur

DE L'ILE DE FRANCE

SOUS LE RÉGIME DE LA COMPAGNIE DES INDES

CONTENANT

LES ACTES DE LA COLONISATION DE L'ILE MAURICE

———

1722 à 1767

———

LILLE

L. LEFORT, IMPRIMEUR-LIBRAIRE

1859

F

ARRÊTS ADMINISTRATIFS

ET

RÈGLEMENTS

du Conseil provincial et du Conseil supérieur

DE L'ILE DE FRANCE

SOUS LE RÉGIME DE LA COMPAGNIE DES INDES

CONTENANT

LES ACTES DE LA COLONISATION DE L'ILE MAURICE

1722 à 1767

LILLE

L. LEFORT, IMPRIMEUR – LIBRAIRE

1859

Il n'existe pas, à proprement parler, d'histoire complète de l'île Maurice. Les écrivains qui ont entrepris cette tâche se sont toujours trouvés embarrassés par l'absence de documents assez précis, assez bien classés pour pouvoir les éclairer dans leurs recherches et les guider sûrement dans la marche et l'ordre des événements administratifs qui ont suivi la prise de possession de l'île par M. de Nyon, au nom de la Compagnie française des Indes en 1722 jusqu'en 1767.

M. Bonnefoy a eu l'heureuse idée de combler cette lacune dans nos monuments historiques, et, à force de travail, de soins et de persévérance, il est parvenu à faire un relevé fort exact de toutes les lois et réglements compris dans cette période.

Pour mettre nos lecteurs à même d'apprécier l'utilité de son ouvrage, laissons parler l'auteur lui-même dans l'avertissement dont il le fait précéder.

AVERTISSEMENT

Les lois et règlements créés sous le régime de la Compagnie des Indes à l'Ile de France, aujourd'hui Maurice, ont été jusqu'à ce moment presque entièrement ignorés des légistes et du public de cette colonie. Bien que la connaissance de ces lois ne soit maintenant d'aucune utilité, quant à leurs dispositions, qui sont abrogées ou tombées en désuétude, elles n'en offrent pas moins, sous un rapport historique, le plus grand intérêt. En effet, les lois et règlements qui appartiennent à la première période de l'établissement de l'île de France étaient assez généralement adoptés sur des réquisitoires du procureur général du roi, expositifs des circonstances locales qui en rendaient la création nécessaire. Ces réquisitoires et les règlements qui en étaient la suite, contiennent par conséquent des faits qui concernent l'histoire des premiers temps de notre colonie. C'est donc dans la vue de faire du présent recueil plutôt un document historique qu'un répertoire des lois, qu'on a placé à la suite de chaque règlement un extrait du réquisitoire qui en a été l'occasion.

Cependant, envisagé comme collection de lois, ce recueil donne en substance toute la série des lois et règlements qui précèdent la publication du code Delaleu, c'est-à-dire à partir de 1722, époque de la seconde prise de possession de l'île de France par M. le chevalier de Nyon, jusqu'à l'année 1767, à laquelle commence le travail de M. Delaleu.

Il ne reste donc de partie inédite de nos lois locales que celle de l'Assemblée coloniale; mais la publication de ces lois serait une œuvre longue et difficile à cause de leur multiplicité et de l'impossibilité de les réunir toutes sans de grandes et laborieuses recherches; le greffe n'en possédant pas une collection complète.

La série entière de toutes les lois coloniales qui ont subi la formalité de l'enregistrement dans les tribunaux, existe au greffe de la cour d'Appel de cette île. On peut aussi y comprendre les ordonnances du Conseil législatif de cette colonie, dont le simple dépôt est fait à ce greffe par le secrétaire colonial, depuis que la formalité de l'enregistrement a cessé d'être, à l'île Maurice, une des conditions de la promulgation et de l'authenticité des lois. Cette précieuse collection de nos lois coloniales embrasse un espace de cent vingt-neuf ans, à partir de 1722 jusqu'à l'année 1851.

L'auteur du présent recueil vient en outre de livrer à l'impression une table alphabétique et analytique de toutes ces lois classées suivant les diverses administrations dont elles émanent. Il regrette que son travail n'ait pas eu pour objet la publication même de cette grande série de lois et de dispositions administratives plutôt que leur simple classification et analyse; mais un tel travail ne peut être entrepris qu'avec l'assistance du gouvernement, attendu les travaux et les dépenses qu'il exige. Espérons que les autorités qui gouvernent cette colonie voudront bien, un peu plus tard, la doter d'une collection si intéressante et si utile.

REGISTRE N° 1.

- **20 septembre 1715**

Acte de prise de possession de l'île de France par Guillaume Dufresne, capitaine, commandant le vaisseau le Chasseur. — N° 1, f° 1.

Cette prise de possession a eu lieu en faveur d'une lettre de monseigneur le comte de Ponchartrain, ministre et secrétaire d'Etat, datée de Versailles le 31 octobre 1714, portant ordre de prendre possession de l'île nommée *Mauritius*.

Une copie de cette lettre fut remise par M. de La Boissière, commandant le navire *l'Auguste*, au capitaine Dufresne, alors à Moka, golfe de la mer Rouge.

Les navires *le Chasseur* et *l'Auguste* appartenaient aux armateurs de Saint-Malo, subrogés dans les droits et priviléges de la Compagnie des Indes orientales.

Il n'existe au registre qu'un fragment de l'acte de prise de possession de l'île de France, et la date de sa transcription au greffe du Conseil provincial est détruite; mais une copie de cet acte se trouve en entier dans les minutes du greffe de la Cour d'Appel de cette île. Cette pièce que le temps a fort endommagée a été déchiffrée presque en totalité par M. Jacques Mallac, juge à la Cour d'Appel, qui l'a fait imprimer en y joignant une note explicative. Cet imprimé est annexé à la pièce originale.

La première des signatures que porte cette copie se trouve enlevée par la déchirure du papier qui, dans cet endroit, ne laisse voir que les initiales D. A. R. Les autres signatures sont : Grandement de Chapdelain, Garnier, Litant.

Acte de prise de possession du gouvernement de l'île de France par M. le chevalier de Nyon. — N° 2, f° 2.

Quelques passages de cet acte à peine lisible par son état de vétusté, portent que le chevalier de Nyon a trouvé l'île de France sous le commandement d'un major envoyé de l'île de Bourbon

avec cinq ou six habitants et quelques nègres*, et qu'un *Te Deum*
a été chanté à l'occasion de la prise de possession du gouvernement
dè cette île par M. de Nyon.

La partie de cette pièce qui en contenait la date et celle de sa
transcription sur les registres du Conseil provincial, se trouve
entièrement détruite. Mais d'autres renseignements font connaître
que le chevalier de Nyon fut nommé gouverneur le 11 octobre
1721 et qu'il arriva à l'île de France en janvier 1722.

Les signatures apposées à ce procès-verbal sont celles du chevalier de Nyon, de MM. de Hauville, Gast d'Hauterive, Simon
de Moncy, de Comminge, officiers de la garnison, et celle de M.
de St-Martin, greffier.

Mai 1722

*Arrêté du Conseil d'administration, convoqué par ordre de
M. de Hauville, lieutenant de roi à l'île de France et commandant
en l'absence de M. de Nyon, gouverneur de cette île. — N° 3, f° 2.*

Cet arrêté est relatif à des apparences de sédition de la part des
militaires qui menacent de se retirer dans les bois si l'on continue
à les affecter à d'autres travaux que ceux qu'exige leur service
militaire.

Le Conseil a arrêté que pour le bien du service du roi et l'intérêt
de la Compagnie des Indes et pour prévenir les suites fâcheuses
d'une sédition, les travaux seront suspendus jusqu'à ce qu'il
arrive des secours de l'île de Bourbon ou d'Europe.

Il a été en outre reconnu que la compagnie faisant le service
militaire se trouvant réduite à soixante-sept hommes, y compris
les officiers, et sur ce nombre trente-deux soldats seulement étant
en état de faire le service, on devait les réserver uniquement pour
la garde composée d'un officier, un sergent, un caporal et dix
hommes. Cet arrêté est signé de M. de Hauville, lieutenant de roi,
commandant à l'île de France en l'absence de M. de Nyon, gouverneur. Il porte aussi la signature de MM. Gast d'Hauterive, de
Comminge, Simon de Moncy, officiers de la garnison, et Saint-
Martin, greffier.

10 et 12 mai 1722

*Procès-verbal relatif à un homme tué à la chasse, et arrêté qui
libère l'auteur de cet accident. — N° 4, f° .*

Ce procès-verbal porte que M. de Hauville, lieutenant de roi
à l'île de France et commandant en l'absence de M. de Nyon,

* Vers l'année 1712.

gouverneur de cette île a ordonné la chasse comme à l'ordinaire pour la subsistance des troupes; que le résultat de cette chasse ne consistant qu'en deux cerfs et deux cabris, les soldats avaient voulu la continuer; que le nommé Nicole, matelot du vaisseau *la Diane*, exellent chasseur, donné à M. de Nyon par M. de La Feuillée, capitaine de ce navire, pour servir au bien et à l'utilité de la nouvelle colonie, fut atteint d'une balle provenant d'un coup de fusil dirigé sur une chèvre.

Que d'après l'avis donné au lieutenant de roi, cet officier ordonna sur-le-chanp au sieur d'Hauterive, aide-major, au curé et au chirurgien-major, de se rendre sous l'escorte d'un sergent et de six soldats à l'endroit où l'accident avait eu lieu, à l'effet de porter des secours au blessé; mais que cet homme mourut des suites de sa blessure.

Le Conseil, assemblé par ordre de M. de Hauville, lieutenant de roi, pour examiner cette affaire, a reconnu que le nommé Muron, soldat qui avait tiré le coup de fusil dont le matelot Nicole a reçu la balle, était innocent de la mort de ce dernier, le blessé l'ayant déclaré lui-même suivant le rapport du sieur Igou, curé de cette île, et du sieur François, chirurgien-major. — Signé: de Hauvillé, Gast d'Hauterive, Simon de Moncy, de Comminge, Igou, prêtre, et Saint-Martin, greffier.

13 août 1722

Délibération du Conseil d'administration, relativement à des insultes faites au lieutenant de roi par le sieur Wirtz, capitaine de la compagnie Suisse; et arrêté qui suspend ledit sieur Wirtz de ses fonctions jusqu'à son renvoi en France. — N° 5, f° 5.

Le capitaine Wirtz avait fait détenir au corps de garde un soldat du nom de Dorel, de la compagnie Suisse, qui avait voulu se battre avec un autre soldat du nom de Daniel David, de la même compagnie.

Le soldat Dorel, employé comme boucher, fut mis en liberté par ordre de M. de Hauville, lieutenant de roi, pour la distribution ordinaire de la viande, par conséquent pour un motif d'utilité publique.

Cette circonstance donna lieu à un conflit d'autorité par suite duquel le sieur Wirtz adressa les injures les plus grossières au lieutenant de roi. Cette délibération est signée de MM. de Hauville, Simon de Moncy, de Comminge et de Saint-Martin, greffier.

10 février 1724

Délibération d'une asssemblée des principaux habitants de l'île, convoqués par M. de Nyon, gouverneur, à l'effet d'aviser aux moyens de faire venir des vivres de Madagascar, et arrêté pris à cette occasion. — N° 6, f° 7.

Dans cette réunion d'habitants, le gouverneur a exposé, qu'après les peines infinies qu'il s'est données, les inquiétudes et les difficultés qu'il a supportées et qu'il supporte journellement encore pour soutenir cette colonie, il a le chagrin de se voir ainsi que les sujets du roi, son maître, exposés à périr misérablement faute de vivres, par un enchaînement de malheurs et de contre-temps de nature à traverser de plus en plus l'établissement de la colonie ; que le dernier de ces contre-temps, un terrible ouragan, arrivé dans les derniers jours de décembre, et dont le souvenir fait trembler, l'a privé jusqu'à ce jour des nouvelles de l'île de Bourbon et lui fait craindre que le navire *le Rubis* et la barque *la Ressource* n'aient été engloutis en rade de l'île de Bourbon par cette violente tempête ou jetés à la côte ; qu'il a appris par le capitaine d'un brigantin anglais de Madras, destiné pour Mozambique et que la Providence a fait relâcher en ce port, que le navire *Saint-Albin*, qui avait été envoyé à la côte de Coromandel au mois de juin dernier, et qui était chargé de riz et de quelques marchandises pour les deux îles, s'était laissé affaler dans le cul-de-sac du cap Comorin de l'île de Ceylan, dont il ne pouvait sortir que vers le mois d'avril prochain ; que s'étant fait apporter l'état des farines, vins et eau-de-vie restant dans les magasins, il a jugé que, malgré l'économie qu'il a observée et les ménagements qu'il a pu prendre, le tout ne pourrait suffire pour la subsistance des sujets de Sa Majesté que pour deux mois au plus ; qu'il ne voit d'autre moyen de remédier à cette détresse, que de fréter le brigantin anglais pour l'envoyer à Madagascar traiter du riz ; le capitaine lui ayant paru disposé à être agréable aux habitants.

Le Conseil, après mûre délibération, et attendu l'importance du cas et la nécessité de secourir une colonie abandonnée dès sa naissance, a résolu que le gouverneur frèterait sans perdre de temps, le brigantin anglais sur lequel s'embarquerait le sieur Leroux en qualité de marchand pour veiller aux achats avec six Français, et qu'il serait délivré au capitaine du brigantin anglais une commission au nom du roi pour naviguer sous le pavillon français, avec des instructions à l'effet de faire voile promptement póur Madagascar et y traiter la plus grande quantité de riz qu'il pourra charger à son bord et se rendre à l'île de France, pour pourvoir aux pressants besoins où se trouve cette colonie, et prévenir la perte totale de son établissemement qui n'a plus d'autres ressources que les secours trop éloignés par la voie de France*. Signé : Le chevalier de Nyon, Brousse, Simon de Moncy, Balmane, de Montigny, Sch. Midier, Brousse, Binial, François, chirurgien-major, Igou, prêtre de la congrégation de la Mission, curé de Notre-Dame, Le Roux, Saint-Amand, Fallier, marque du sieur Decuelle, et Dequesnain, secrétaire du Conseil.

17 juin 1724

Délibération du Conseil d'administration, convoqué par M. de Nyon, gouverneur, ayant pour objet d'adopter de nouvelles mesures pour faire venir des vivres de Madagascar, et arrêté pris à cet égard. — N° 7, f° 9.

Le gouverneur a représenté de nouveau que la colonie était sur le point de se trouver dans un pressant besoin de vivres, n'ayant aucun secours à espérer de l'île Bourbon ; que, d'après les avis qu'il avait reçus, d'horribles sécheresses avaient brûlé tous les riz, les maïs et les blés dont M. Des Forges, gouverneur de l'île de Bourbon, espérait retenir une provision plus que suffisante pour faire subsister les habitants de l'île de France jusqu'à l'arrivée des vaisseaux et des secours d'Europe ; que cette sécheresse avait tellement désolé l'île de Bourbon que plusieurs ouragans auraient à peine causé une perte aussi générale ; que pour prévenir une calamité aussi prochaine, attendu qu'il n'existe dans les magasins que pour cinq semaines de riz blanc et de farine, le gouverneur est d'avis d'envoyer la barque *la Ressource*, au fort Dauphin de l'île Madagascar, traiter en diligence la plus grande quantité de riz qu'elle pourra charger. Cette mesure a été adoptée par le Conseil.

Cette délibération est signée du chevalier de Nyon, de MM. Simon de Moncy, Brousse, Saint-Martin, Le Roux, et Duquesnain, secrétaire du Conseil.

21 avril 1725

Arrêté du Conseil provincial, relatif à l'exécution des ordres

---

* On s'est attaché, dans la reproduction des actes administratifs dont se compose ce recueil, à conserver les expressions et les phrases du texte original.

de la Compagnie, concernant l'embarquement des troupes destinées pour Pondichéry. — N° 8, f° 10.

L'impossibilité d'obéir immédiatement à ces ordres attendu la dispersion des soldats dans les différents postes et dans les bois, à l'effet de poursuivre les noirs marrons, est l'objet du présent arrêté.

Le Conseil a arrêté que le navire *la Sirène*, destiné à l'embarquement des troupes ne pouvant rester deux fois vingt-quatre heures au large en vue du port Bourbon*, sans courir de grands risques, irait mouiller au Port-Louis de cette île pour rétablir et rafraîchir quantité de scorbutiques moribonds de son équipage et qu'il appareillerait pour se rendre à l'île de Bourbon afin d'y prendre les troupes que la Compagnie aurait destinées pour Pondichéry, et que le vaisseau *la Vierge de Grâce*, sorti de ce port le 23 mars pour la destination de la seconde traite à Madagascar, serait chargé du transport des troupes qui sont en cette île. Signé : Le chevalier de Nyon, Brousse, Saint-Martin, Le Roux et Duquesnain.

16 septembre 1725

Arrêté du Conseil provincial, ayant pour objet la répression d'un commerce illicite de sucre et d'eau-de-vie. — N° 9, f° 11.

Il a été fait rapport au gouverneur par un détachement de soldats arrivé du Port-Louis, que, contre la défense faite et publiée au nom de Sa Majesté, sous la date du 20 juin 1725, un commerce frauduleux de sucre et d'eau-de-vie aurait eu lieu pendant le séjour au Port-Louis du brigantin anglais, commandé par le capitaine Roworth Martin ; que des personnes du premier rang en cette île se seraient rendues coupables de ce commerce, en revendant par une lâche et criminelle usure aux malheureux soldats les objets dont est mention, à un prix s'élevant à près de mille pour cent au-dessus du tarif établi par les règlements.

Pour remédier à un abus aussi pernicieux que dangereux et et parvenir à la réparation des atteintes et transgressions faites aux défenses établies, le Conseil arrête que des ordres seront expédiées à M. Brousse, lieutenant de roi, pour qu'il ait à se transporter au Port-Louis, à l'effet d'y faire une enquête sur l'objet de la dénonciation faite au gouverneur.... Cet arrêté est signé du

---

* Ce port s'appelle aujourd'hui *grand Port*; c'est le nom de la partie du sud-est de l'île Maurice dont le chef-lieu est Mahébourg.

chevalier de Nyon, et de MM. Brousse, Saint-Martin, Le Roux, et Duquesnain.

NOTA. On ne trouve aucune décision au registre concernant cette affaire.

10 novembre 1725

Arrêté du Conseil provincial relatif à une requête présentée à M. le chevalier de Nyon, gouverneur, par le sieur Ballard, chirurgien-major de la compagnie suisse de Bugnot. — N° 10, f° 12.

Le sieur Ballard demande que ses appointements soient continués sur le pied de 1,200 livres par an, conformément à ses conventions avec le sieur Bugnot ; que sa traversée en France lui soit assurée quand il plaira à la Compagnie de pourvoir l'île d'un autre chirurgien, et qu'il lui soit permis de suivre le sort de la Compagnie.

Le Conseil a reconnu qu'il n'était pas possible qu'une colonie telle que celle de l'île de France, où les maladies sont aussi fréquentes, fût privée du secours d'un homme habile dans l'art de la médecine, qu'en conséquence la demande du sieur Ballard doit lui être accordée au nom de la Compagnie. Signé : le chevalier de Nyon, Brousse, Le Roux, Saint-Martin et Duquesnain.

Novembre 1723

Edit de S. M. le roi de France, qui supprime le Conseil provincial établi à l'île de Bourbon et crée un Conseil supérieur en cette île, et un Conseil provincial à l'île de France.

Enregistré au greffe du Conseil supérieur de l'île Bourbon le 18 septembre 1724 et transcrit sur les registres du greffe du Conseil provincial de l'île de France le 31 mai 1726. — N° 11, f° 13.

Le Conseil provincial sera composé des directeurs généraux de la Compagnie, s'il s'en trouve à l'île de France, du gouverneur de cette île, de six conseillers, d'un procureur-général du roi et d'un greffier.

Le Conseil provincial jugera au nombre de trois en matière civile et au nombre de cinq en matière criminelle. Les jugements seront exécutés par provision en donnant caution et sauf l'appel au Conseil supérieur de l'île de Bourbon, à l'exception des procès contre les esclaves, qui seront jugés en dernier ressort.

En cas d'absence ou légitime empêchement des juges titulaires, il sera appelé dans les affaires civiles un ou deux habitants français capables et de probité, pour faire le nombre de trois, et dans les affaires criminelles, un nombre suffisant de Français capables et de probité, pour former le nombre de cinq, encore que ces personnes ne soient graduées, ce dont elles sont dispensées.

15 décembre 1723

Ordre du roi qui dispense le sieur Desforges Boucher, nommé président du Conseil supérieur de l'île de Bourbon, de prêter serment en personne entre les mains du garde des sceaux, à Paris ; cet ordre porte que ce serment sera prêté pour le sieur Boucher, par deux directeurs de la Compagnie.

Enregistré à l'île Bourbon le 18 septembre 1724, et à l'île de France le 31 mai 1726. — N° 12, f° 16.

8 septembre 1725

Nomination de M. Lenoir, par la Compagnie des Indes, aux places de commandant des forts et établissements français dans les Indes, et président de tous les conseils, tant supérieurs que provinciaux, qui y sont et seront par la suite établis.

Enregistrée au greffe du Conseil provincial de l'île de France, le 31 mai 1726. — N° 13, f° 17.

13 septembre 1725

Lettres patentes du roi qui confirment la nomination de M. Lenoir.

Enregistrées au greffe du Conseil provincial de l'île de France, le 31 mai 1726. — N° 14, f° 17.

La Compagnie des Indes avait jugé nécessaire, pour l'avantage de son commerce, de nommer un commandant général de tous les forts et établissements français dans les Indes, et de les faire entendre et obéir par les gouverneurs-commandants particuliers, officiers, gens de guerre et de justice, par les habitants, commis et autres employés de la Compagnie.

31 mai 1726

Nomination des membres du Conseil provincial et installation de cette Cour par M. Lenoir, commandant. — N° 15, f° 18.

Le sieur de Brousse, lieutenant de roi à l'île de France, est nommé à la place de premier conseiller, et, attendu l'absence de M. Dioré, commandant, il présidera le Conseil et sera garde et dépositaire du sceau royal ; le sieur Didier de Saint-Martin teneur de livres et garde-magasin général, remplira les fonctions de second conseiller ; le sieur Duquesnain est nommé greffier du Conseil. Cet arrêté est signé de MM. Lenoir, Saint-Martin, Brousse, Gast d'Hauterive et Duquesnain.

1er juin 1726

Nomination par le Conseil provincial de M. Gast d'Hauterive au grade de major de place et des troupes, avec 1,000 livres d'appointement. Il lui sera, en outre, délivré chaque année des magasins de la Compagnie, deux barriques de vin et un quarteau d'eau-de-vie, au prix fixé par la lettre de la Compagnie, sous la date du 10 décembre 1727. — N° 16, f° 19.

Cette nomination est motivée sur ce que le sieur Gast d'Hauterive, pourvu d'un brevet d'aide-major, en date du 14 juin 1721, et ayant rang de capitaine, se trouve être le plus ancien officier au service de la Compagnie dans cette île ; que sur le renvoi en France de plusieurs officiers et notamment du major du régiment, M. de Nyon, satisfait des services de M. Gast d'Hauterive, l'appela aux fonctions de major, avec 1,200 francs d'appointements par mois ; il lui donna ordre, le 14 octobre 1723, de se rendre au port nord-ouest pour y commander ; M. d'Hauterive a occupé ce poste jusqu'au départ de M. de Nyon ; il a joui des appointements de major jusqu'au 15 avril 1725, époque à laquelle il fut remis aux appointements de 800 francs par an ; M. de Nyon, à son départ de cette colonie, laissa à M. de Brousse, un ordre daté du 16 décembre 1725, à l'effet de maintenir M. d'Hauterive dans le commandement d'un des deux ports de cette île ; le Conseil provincial de l'île de France a obtenu les meilleurs témoignages de la conduite de M. Gast d'Hauterive ; et cette cour a reconnu la nécessité d'engager des officiers mariés et de bonnes mœurs à s'établir dans l'île pour étendre sa colonisation ; le sieur d'Hauterive, au surplus, est fort entendu et très-capable de rendre d'importants services, tant pour le militaire que pour les affaires.

Cette nomination est signée de MM. Lenoir, Brousse, Saint-Martin, et Delorme.

Arrêté du Conseil provincial concernant la chasse et la pêche.
No 17, fo 19.

Défense de chasser sans une permission expresse.

Liberté accordée à tout individu de pêcher sur toute la côte, et dans toutes les rivières de l'île, à l'exception de l'étang du Port-Louis.

Tous les chiens de l'île seront tués, à la réserve seulement de dix qui seront nourris par la Compagnie dans chacun des Port-Bourbon et Port-Louis.

Cet arrêté est motivé sur ce que la situation de l'île de France et les avantages que la Compagnie en pourra retirer par la suite, tant pour la relâche de ses vaisseaux que pour la subsistance des troupes qui y résident, exigent que la chasse, quoique abondante jusqu'à ce moment, soit restreinte, attendu qu'elle se détruirait insensiblement par la trop grande quantité de gibier qui se consomme et se perd ; que la multiplicité de chiens qui chassent journellement, finirait, en détruisant considérablement de gibier, par l'éloigner de telle sorte, que des vaisseaux venant à relâcher en ce port, on serait obligé d'aller fort loin pour atteindre le gibier, ce qui occasionnerait une grande perte de temps ; qu'il importe en conséquence de remédier à cet inconvénient et de conserver la chasse pour le rafraîchissement des vaisseaux et la subsistance des officiers du commerce et du militaire. Signé : Lenoir, Brousse, Delorme, Gast d'Hauterive, Saint-Martin.

1er juin 1726

Arrêté du Conseil provincial relatif à la manière de nourrir les troupes, de fournir des rations de viande fraîche aux employés de la Compagnie et de pourvoir à l'approvisionnement des troupes. — No 18, fo 20.

Cet arrêté porte que dans le cas où la viande salée viendrait à manquer, il sera donné, aux soldats, du poisson pendant quatre jours de la semaine et les trois autres jours de la viande fraîche ; qu'à cet effet M. le commandant fera chasser pour suppléer au défaut de viande salée.

Qu'à l'égard des employés et officiers résidant dans l'île, attendu le défaut de viande de boucherie, M. le commandant fera également ment chasser toutes les semaines, les jours qu'il jugera convenable, deux cerfs seulement dans chaque port , par chaque semaine , ou la valeur en cabris ou cochons marrons qu'il fera distribuer à chaque personne suivant son état. Le commandant fera faire aussi la pêche dans chacun des ports toutes les fois qu'il le jugera nécessaire pour distribuer du poisson aux employés, officiers et soldats , lorsqu'il n'y aura pas de viande fraîche. Signé : Lenoir, Brousse, Delorme, Saint-Martin, Gast d'Hauterive.

1er juin 1726

Arrêté du Conseil provincial relatif au taux de la monnaie de cuivre fabriquée à Pondichéry et mise en circulation en cette île, et au mode de paiement adopté à l'égard des militaires et employés de la Compagnie. — N° 19, f° 20.

La pièce de deux sous n'aura cours qu'à raison d'un sou et six deniers, et la pièce d'un sou qu'à raison de six deniers.

Le prêt dû aux soldats continuera de se faire en monnaie de cuivre, les appointements des employés, officiers et ouvriers, seront payés dans les mêmes espèces de cuivre qui se trouveront en caisse.

Les motifs de cet arrêté portent que, bien que la Compagnie ait ordonné, par sa lettre du 10 décembre 1725, de payer les appointements et soldes aux employés, officiers et ouvriers, moitié en argent et moitié en monnaie de cuivre, et de payer en mêmes espèces dans les magasins les marchandises qui y seront vendues, il est impossible de faire aucun paiement partie en argent, attendu la vérification qui a été faite du peu d'espèces en cette matière qui restent dans l'île ; que la disparition de ce numéraire est due à ce que les employés, officiers, ouvriers et soldats ont acheté tant des officiers des vaisseaux de la Compagnie que des vaisseaux anglais qui sont venus en cette île, les choses qui leur étaient nécessaires pour leurs vêtements , etc., et que ces vaisseaux ont emporté tout l'argent que la Compagnie y avait envoyé, en sorte qu'il ne reste plus dans l'île que de la monnaie de cuivre. Cet arrêté est signé de MM. Lenoir, Brousse, Saint-Martin, Delorme et Gast d'Hauterive.

2 juin 1726

Arrêté du Conseil provincial concernant les noirs marrons et les détachements mis à leur poursuite. — N° 20, f° 21.

Les noirs marrons qui seront pris vivants par les détachements leur appartiendront en propriété, à l'exception de deux ou trois

2

qui seront les plus criminels et qui leur seront retirés pour faire un exemple de justice. Il sera payé à cet effet aux détachements 50 écus, et pour les noirs marrons qui seront tués dans la poursuite et dont les détachements apporteront la main gauche, il leur sera payé la somme de 100 livres.

Cet arrêté est motivé sur ce qu'il est indispensable de pourvoir à la destruction totale des esclaves noirs qui ont déserté et se sont rendus marrons dans cette île, et qui causent beaucoup de désordres, et retardent la culture des terres ; qu'il est nécessaire que ceux qui sont envoyés à leur poursuite et dont les fatigues sont extraordinaires, soient excités à continuer leur course et à redoubler d'efforts. Cet arrêté est signé de MM. Lenoir, Brousse, Saint-Martin, Delorme.

3 juin 1726

Arrêté du Conseil provincial qui ordonne que le sieur de Belle-court, enseigne de la garnison du Port-Louis, sera cassé à la tête des troupes et renvoyé en France sur le premier vaisseau, pour avoir pénétré dans la maison de M. Guimont de Latour, capitaine des troupes, et y avoir frappé et maltraité le sieur Labat, second chirurgien. Signé : Lenoir, Brousse, Delorme, Saint-Martin, Gast d'Hauterive. — N° 21, f° 21.

3 juin 1726

Nomination par le Conseil provincial du sieur Mascle au grade de sous-lieutenant. Signé : Lenoir, Saint-Martin, Brousse, Delorme. — N° 22, f° 21.

3 juin 1726

Arrêté du Conseil provincial concernant les fortifications de l'île. — N° 23, f° 22.

Cet arrêté a pour objet d'affecter aux travaux de fortifications de cette colonie plusieurs ouvriers maçons, charpentiers, forgerons et vingt noirs esclaves tant hommes que femmes et enfants que possède la Compagnie dans les deux ports de cette île. Signé : Lenoir, Brousse, Saint-Martin, Delorme, Gast d'Hauterive.

3 juin 1726

Arrêté du Conseil provincial qui fixe le prix auquel le vin et l'eau-de-vie seront fournis aux militaires et employés de la Com-

pagnie, ainsi que la quantité de ces provisions qui pourra être délivrée à chaque fonctionnaire à raison de son grade ou emploi. — N° 24, f°. 22.

Une lettre des directeurs de la Compagnie, en date du 10 décembre 1725, fixe à 100 livres le prix de la barrique de vin et à 70½ livres celui du quarteau d'eau-de-vie.

Il pourra être délivré au commandant trois barriques de vin et un quarteau d'eau-de-vie ; au second commandant deux barriques de vin et un quarteau d'eau-de-vie ; au troisième commandant deux barriques de vin et un quarteau d'eau-de-vie ; au second garde-magasin, une barrique de vin ; aux greffiers et commis, une demi barrique de vin à chacun ; aux capitaines, deux barriques de vin, chacun ; aux lieutenants une barrique de vin chacun ; aux sous-lieutenants une demi barrique de vin chacun ; et aux enseignes, la même quantité. Signé : Lenoir, Brousse, Saint-Martin, Delorme et Gast d'Hauterive.

3 juin 1726

Arrêté du Conseil provincial relatif à des créoles venus de l'île de Bourbon pour être envoyés à la poursuite des noirs marrons. — N° 25, f° 22.

Cet arrêté a pour objet d'adjoindre à quatre de ces créoles restés dans la colonie, un renfort de six soldats sous le commandement d'un officier pour aller à la poursuite des noirs marrons.

Cette mesure est motivée sur ce que les créoles de Bourbon, qui étaient venus en cette colonie pour aller à la poursuite des esclaves noirs marrons, n'ayant pu parvenir à leur destruction, s'en sont retournés à l'île de Bourbon, à l'exception de quatre d'entre eux qui sont restés en ce pays ; que ces hommes, sans cesse occupés à chasser dans les bois, ont acquis une grande connaissance des chemins et sentiers de l'île ; qu'informés de la récompense que le Conseil a accordée, par son arrêté du 2 juin 1726, à ceux qui prendraient ou détruiraient des noirs marrons, ils ont proposé d'aller à leur poursuite, moyennant un renfort de six soldats.

Qu'il est de toute nécessité pour la sûreté et l'accroissement de la colonie de détruire, le plus tôt qu'il se pourra, les esclaves noirs qui ont déserté et se sont retirés dans les montagnes de cette île, où il a été impossible de les atteindre jusqu'à ce moment, parce qu'ils ont toujours eu connaissance des détachements qui étaient à leur poursuite, par la raison que les soldats tiraient fréquemment des coups de fusil pour avoir du gibier pour leur subsistance ; que les chiens qu'ils menaient à leur suite effrayaient le gibier et le faisaient fuir vers les noirs marrons ; que ces soldats faisaient aussi du feu pour cuire leur viande ; que toutes ces marques faisaient connaître aux noirs marrons qu'il y avait des personnes à leur poursuite, cela leur donnait occasion de fuir et rendait inutiles toutes les précautions qu'on prenait d'ailleurs pour les surprendre.

Pour prévenir cet inconvénient, le Conseil a ordonné qu'il serait délivré du biscuit, de l'eau-de-vie et du fromage pour huit jours à ceux qui composent les détachements, et que pour plus grande sûreté, il serait expédié le même jour un autre détachement du Port-Bourbon, composé d'un officier et de dix soldats, afin d'enfermer s'il est possible, les noirs marrons dans les quartiers qu'ils habitent ; que pendant la nuit, la moitié de chaque détachement montera la garde alternativement, afin d'éviter d'être surpris par les noirs marrons ; ainsi qu'on l'avait été précédemment, que défense sera faite à ceux qni composent les détachements de tirer, chasser, mener des chiens à leur suite, et d'allumer du feu, afin de pouvoir plus facilement surprendre les marrous dans les endroits où ils font leur retraite. Signé : Lenoir, Brousse, Saint-Martin, Delorme et Gast d'Hauterive.

4 juin 1726

Arrêté du Conseil provincial qui fixe le prix du poivre à 20 sous la livre, et celui du sel, à 5 sous. — N° 26, f° 23.

Cet arrêté est pris à l'occasion de représentations faites au Conseil par les employés, officiers, soldats et ouvriers que le prix du poivre et du sel est trop élevé pour qu'ils s'en procurent en quantité suffisante pour leurs besoins. Signé : Lenoir, Delorme, Brousse, Saint-Martin, Gast d'Hauterive.

4 juin 1726

Nomination par le Conseil provincial de M. Charles Dorlet de Bresson, au grade d'enseigne. Signé : Lenoir, Brousse, Delorme, Saint-Martin et Gast d'Hauterive. — N° 27, f° 23.

4 juin 1726

Arrêté du Conseil provincial concernant les bestiaux. — N° 28, f° 24.

Cet arrêté a pour objet d'établir deux parcs fermés dans chacun des Port-Louis et Bourbon, destinés à contenir tous les bœufs, vaches et moutons appartenant, soit à la Compagnie, soit aux particuliers, en quelque nombre qu'ils soient; ils y seront enfermés tous les soirs par les esclaves qui les garderont, encore que les particuliers qui jugeront plus à propos d'enfermer leurs bestiaux chez eux soient libres de le faire. Il est, en outre, fait défense à tous propriétaires de bœufs, vaches et brebis d'en tuer ou d'en vendre pour l'extérieur, pendant quatre années consécutives, à peine de trois cents livres d'amende ; la Compagnie achètera, suivant estimation, ceux de ces bestiaux que les habitants auront à vendre. Signé : Lenoir, Delorme, Brousse, Gast d'Hauterive, Saint-Martin.

5 juin 1726

Arrêté du Conseil provincial qui contient un état général des personnes au service de la Compagnie des Indes, à l'île de France, avec indication du montant des appointements alloués à chacune d'elles, plus une liste des esclaves appartenant à la Compagnie. — N° 29, f° 24.

Cet état est destiné à servir de base pour le paiement des appointements, gages et rations revenant aux employés de la Compagnie.

Le nombre des personnes au service civil de la Compagnie, se monte à trente-huit, en y comprenant le gouverneur, les officiers de l'administration, et les divers ateliers. Le nombre des esclaves est porté à vingt, tant hommes que femmes et enfants.

Cet état comprend aussi deux compagnies d'infanterie, composées de cinquante-trois hommes chacune, formant la garnison de cette colonie.

Les appointements du commandant et président du Conseil n'y sont portés que pour mémoire.

Ceux du lieutenant de roi et premier conseiller, sont de 2,000 livres par an.

Ceux du garde-magasin général, teneur de livres et second conseiller, de 1,200 livres.

Ceux du major et troisième conseiller, de 1,080 livres.

Ceux du second garde-magasin, de 1,000 livres.

Ceux du greffier et secrétaire du Conseil, de 800 livres; le commis aux écritures a les mêmes appointements.

Un premier médecin, à 1,200 livres, un second à 400 livres.

Les ouvriers, ayant des rations, ont les deux premiers 600 livres chacun; il y en a trois autres à 300 livres; le chef charpentier à 360 livres; il y en a trois autres à 350 livres; deux tonneliers à

400 livres chacun, cinq maçons à 380 livres, un taillandier à 430 livres ; un forgeron à 360 livres, deux serruriers à 350 livres, un chef serrurier à 300 livres, un armurier à 350 livres.

Les capitaines des deux compagnies ont 1,080 livres, chacun.

Les lieutenants.	720 livres.
Les sous-lieutenants.	600 livres.
Les enseignes.	590 livres.
Les cadets.	216 livres.
Les sergents.	216 livres.
Les caporaux.	180 livres.
Les anspessades.	162 livres.
Les tambours.	180 livres.
Et quarante-et-un fusillers à	012 liv. chacun.

Le total annuel des salaires se monte à la somme de trente-neuf mille cinq cent quarante-deux livres, 39,542 livres.

Cet état est signé de MM. Lenoir, Brousse, Delorme, St-Martin et d'Hauterive.

15 juin 1726

Arrêté du Conseil provincial relatif à des ancres d'eau-de-vie apportées par le navire l'Argonaute. — N° 30, f° 26.

Cet arrêté a pour objet de fixer la portion de ces eaux-de-vie employée à l'ouillage des ancres et dont le capitaine de ce navire pourrait être responsable, et de déterminer en même temps, au moyen d'un mesurage, la quantité de ces provisions mises à la charge du garde-magasin. Signé : Brousse, Saint-Martin, Le Roux, Burat, Gast d'Hauterive, Lerault Du Portail, Collet, et Duques-nain, secrétaire du Conseil.

8 août 1726

Arrêté du Conseil provincial qui ordonne que le sieur Guimont de La Tour, capitaine de la garnison de cette colonie, sera envoyé au Conseil supérieur de l'île de Bourbon, avec copies collationnées des informations, interrogatoires et pièces servant à son procès, attendu les conséquences et la gravité de l'affaire qui le concerne, et que trois des principaux témoins dans cette affaire se trouvent à l'île de Bourbon ; qu'au surplus l'on manque en cette île des ordon-nances du roi, règlements et coutumes de la prévôté et vicomté de Paris ; qu'en attendant l'occasion de faire partir M. Guimont de la Tour, ce dernier sera détenu aux arrêts faute de prison. — N° 31, f° 27.

.Cet arrêté ne dit pas sous quelle prévention se trouve M. Guimont de La Tour. Il est signé par MM. Brousse, Saint-Martin, Gast d'Hauterive, Guyenet, et Duquesnain, secrétaire du Conseil.

5 septembre 1726

Arrêté du Conseil provincial relatif a un envoi de farine et d'eau-de-vie au Port-Bourbon. — N° 32, f° 27.

Cet arrêté porte que le navire *l'Argonaute*, armé à Lorient par la Compagnie des Indes, pour porter des denrées, boissons et marchandises en cette île, ayant déposé sa cargaison au Port-Louis, le Port-Bourbon se trouve dénué de provisions; qu'en conséquence une embarcation sera chargée de farine, d'eau-de-vie et de lard, et que, le calme venant à se rétablir, cette embarcation pourra sortir des récifs par la passe qui est vis-à-vis la rivière du Rempart pour rentrer dans celle des Quatre-Cocos; que dans le cas où le temps ne permettrait pas aux embarcations de sortir, il sera envoyé du Port-Bourbon deux pirogues, dont une restera à la pointe des Quatre-Cocos; et l'on fera passer à cette pirogue l'autre pointe par terre, pour rentrer ensuite dans le rescif de Flacq, afin de transporter les provisions par mer et par terre sans aucun risque. Signé : Brousse, Saint-Martin, Gast d'Hauterive, et Duquesnain, secrétaire du Conseil.

5 janvier 1727

Arrêté du Conseil provincial concernant une plainte de M. Didier de Saint-Martin, par laquelle ce dernier demande la punition d'un soldat qui l'a frappé dans une révolte générale des soldats de la garnison, qui eut lieu au Port-Bourbon où commande le sieur de Saint-Martin. — N° 33, f° 28.

Ce fonctionnaire demande qu'il lui soit permis de se démettre de son commandement ainsi que de la charge de conseiller, attendu que, sur une première plainte qu'il adressa à M. de Brousse, lieutenant de roi, ce magistrat ayant le commandement de l'île par intérim, au lieu d'assembler un conseil de guerre pour le jugement du soldat accusé, a convoqué le Conseil provincial qui ne peut connaître de semblables affaires; que cette conduite de la part de M. de Brousse ayant privé le sieur de Saint-Martin de la justice qu'il réclamait, il se voit exposé à de continuelles insultes de la part des militaires.

Le Conseil a arrêté qu'une prompte justice serait faite dans cette affaire, afin de réprimer l'insolence d'une troupe de rebelles, et qu'à cet effet , un Conseil de guerre serait assemblé pour juger le soldat prévenu d'avoir frappé le sieur de Saint-Martin. -

Ce soldat a été condamné à mort par le Conseil de guerre, mais , eu égard à la grâce demandée par M. de Saint-Martin , cette peine a été commuée en celle de la déportation dans la première île déserte qui serait trouvée par les vaisseaux de la Compagnie.

Le présent arrêté ne fait pas mention de la durée de cette déportation. Il est signé de MM. Brousse, Gast d'Hauterive, de Bouloc, Saint-Pierre, Brison de Falmaroux, le chevalier de Latour, et Duquesnain, greffier.

12 décembre 1727

Installation de M. Réné-Marie Floch, dans ses fonctions de second conseiller au Conseil provincial de l'île de France. — N° 34, f° 31.

Ce procès-verbal est signé de MM. Brousse et Saint-Martin.

12 décembre 1727

Nomination de M. Germain Prigent aux offices de greffier et secrétaire du Conseil provincial. Signé : Brousse, Saint-Martin et Floch. — N° 35, f° 31.

29 janvier 1727

Règlement général de la Compagnie pour les îles de Bourbon et de France.

Ce règlement fait connaître :

1. La composition du Conseil supérieur de l'île de Bourbon, qui tiendra ses séances au quartier Saint-Paul ;

2. Il porte qu'il sera établi un Conseil d'administration pour toutes les affaires qui concerneront les îles de Bourbon et de France, ce Conseil se tiendra pareillement au quartier Saint-Paul et sera composé du directeur général du commerce, qui en sera le chef, du garde-magasin général, des gardes-magasins particuliers et du secrétaire de la colonie qui y tiendra la plume et aura voix délibérative.

3. Le Conseil est autorisé à expédier des navires pour la traite des noirs à Madagascar , lesquels seront appliqués à la construction des forts , maisons et magasins pour la Compagnie et autres ser-

vices de ses colonies. Ces noirs seront employés, conjointement avec les habitants, aux corvées que ceux-ci sont tenus de fournir suivant un précédent règlement de la Compagnie.

4. Dans la vue de pourvoir au prompt établissement de l'île de France ; la Compagnie exhorte le Conseil de l'île de Bourbon à inviter quelques familles de cette dernière île, à passer à celle de France, en usant à cet effet de toutes les voies de persuasion et de tous les ménagements qu'il jugera convenables, et elle lui donne pouvoir d'accorder à tous les habitants de l'île de France trois années de délai pour le paiement tant des noirs qui leur seront vendus sur le pied de 200 livres chacun, que des esclaves indiens dont deux ne leur seront comptés que pour un noir ; et pour plus grand encouragement, la Compagnie autorise encore le Conseil à accorder tant aux habitants de l'île de Bourbon qui passeront à l'île de France qu'à ceux qui seront transportés d'Europe, la ration pendant un an et l'avance des outils et semences nécessaires, à la charge par eux de restituer le tout en nature ou en valeur dans le délai de deux ans que le Conseil pourra même, s'il le juge à propos, prolonger d'une troisième année.

5. La Compagnie recommande très-particulièrement au Conseil d'apporter tous ses soins à la destruction des noirs qui se seront rendus marrons à l'île de France. Il sera pris à cet effet, conjointement avec l'officier qui sera chargé de ces expéditions, des mesures qui paraîtront les plus sûres pour y parvenir, la Compagnie voulant de sa part ne rien négliger de tout ce qui peut concourir au succès de ses vues à cet égard ; autorise, en outre, le Conseil à faire payer aux créoles ou autres personnes employées dans les expéditions dirigées contre les noirs marrons, une somme de 150 livres pour chaque noir marron, mort ou vif, qui sera représenté, accordant même, outre les 150 livres, la propriété des noirs vivants à ceux qui s'en seront saisis.

6 Tous les noirs de l'île de Bourbon et de France seront marqués sur l'épaule gauche de l'empreinte que la Compagnie fait remettre au Conseil, afin que l'on puisse confisquer ceux qui pourraient être introduits en fraude.

7. La compagnie recommande très-particulièrement au Conseil d'avoir une sérieuse attention de multiplier les bestiaux dans l'une et l'autre île, afin qu'elles soient en état de fournir aux vaisseaux des viandes dont ils auront besoin, ainsi que d'établir des boucheries pour le public.

8. La Compagnie défend très-expressément au Conseil d'ad-

mettre dans aucun endroit des îles de Bourbon et de France aucun bâtiment étranger et d'y laisser descendre aucun individu de ces navires, pas même sous le prétexte d'avaries ou de maladie.

9. Le présent règlement contient la nomination de M. Dumas, à la place de directeur général du commerce aux îles de Bourbon et de France, ayant en cette qualité le gouvernement civil et de police sur tous les habitants de ces îles. Il sera tenu de faire trois mois de séjour chaque année dans les deux îles, sauf à s'y transporter extraordinairement toutes les fois que le bien du service l'exigera.

GOUVERNEMENT MILITAIRE

10. Il n'y aura qu'un seul et même commandant pour les îles de Bourbon et de France. Il sera tenu de séjourner six mois chaque année dans l'une et l'autre colonie.

11. La Compagnie défend très-expressément tant au commandant général qu'au lientenant de roi et autres officiers des troupes de s'immiscer en aucune manière ni sous quelque prétexte que ce soit dans toutes les autres affaires que celles qui sont du fait de la guerre.

12. La Compagnie recommande d'une manière toute spéciale au commandant militaire la destruction des noirs marrons dans les îles de Bourbon et de France. Il devra, à cet effet, se concerter avec le Conseil pour aviser aux moyens les plus efficaces et les plus prompts d'atteindre ce but. Ces règlements sont signés de MM. Frommayet, Lecordier, Duprémenil, Deshayes, Castagnet, Pierre Saintard, Dameuve fils, l'abbé Raguet, J. Morin, directeurs de la Compagnie des Indes.

Enregistré à l'île de Bourbon, le 19 août 1727, et à l'île de France le 12 décembre 1727. — N° 36, f° 32.

13 décembre 1727

Nomination de M. de Saint-Martin par le Conseil provincial, à la place de commissaire au Port-Bourbon, à l'effet de faire exécuter les ordres de la Compagnie en ce qui concerne le régime des militaires. M. Floch est nommé aux mêmes fonctions pour le Port-Louis. Signé : Brousse, Floch, Saint-Martin, J. Prigent. — N° 37, f° 39.

17 janvier 1727

Commission accordée, par la Compagnie des Indes, à M. Dumas, directeur général des îles de Bourbon et de France, pour remplir la charge de président du Conseil supérieur établi à l'île de Bourbon. Signé : Brousse, Saint-Martin, Floch, et Prigent, greffier.

Enregistré au Conseil supérieur de l'île de Bourbon le 23 août 1727, et à l'île de France le 13 décembre même année. — N° 38, f° 39.

17 janvier 1727

Confirmation par le roi de la nomination de M. Dumas, à la place de président du Conseil supérieur établi à l'île de Bourbon.

Enregistré à l'île de Bourbon le 23 août 1727, et à l'île de France le 13 décembre même année. — N° 39, f° 39.

25 janvier 1727

Prestation de serment de M. Dumas, à Versailles, entre les mains du garde des sceaux.

Enregistré à l'île Bourbon le 21 juillet 1727, et à l'île de France le 13 décembre même année. — N° 40, f° 40.

17 janvier 1727

Commission de directeur général des îles de Bourbon et de France, accordée à M. Dumas par la Compagnie. Signé : Brousse, Saint-Martin, Floch, et Prigent, greffier.

Enregistré à l'île Bourbon le 23 août 1727, et à l'île de France le 13 décembre même année. — N° 41, f° 40.

13 décembre 1727

Arrêté du Conseil provincial relatif à une demande en congé d'un soldat de la garnison du Port-Louis, du nom de Jean Volant. — N° 42, f° 41.

Le Conseil, d'après la connaissance qu'il a de la maladie du soldat Jean Volant, lui permet de passer en France à l'arrivée des premières recrues que la Compagnie enverra en cette île. Signé : Saint-Martin, Floch, et Prigent, greffier.

16 décembre 1727

Arrêté du Conseil provincial qui porte que des objets provenant d'un brigantin anglais, mouillé au Port-Louis, ayant été saisis conformément aux ordres de la Compagnie, et vendus à l'encan, le produit en a été distribué par moitié aux soldats de garde, et que l'autre moitié, attendu qu'il n'y a point d'hôpital en cette île, a été remise au commandant des troupes pour les malades qu'il a actuellement et ceux qui pourraient survenir. Signé : Floch, Saint-Martin, Brousse et Prigent. — N° 43, f° 41.

26 décembre 1727

Arrêté relatif à la solennité de la Fête-Dieu. — N° 44, f° 42.

Il est ordonné à M. d'Hauterive, major de cette île et commandant les troupes au Port-Bourbon, de faire prendre les armes aux soldats de la garnison qui borderont la haie de droite et de gauche à la porte de l'église; ils feront une décharge de mousqueterie lorsque le Saint-Sacrement sortira et marcheront ensuite devant le Saint-Sacrement. Ils borderont pareillement la haie devant les reposoirs, tant pour l'entrée du Saint-Sacrement que pour sa sortie; il borderont encore la haie à la porte de l'église pour la rentrée du Saint-Sacrement où ils feront une seconde décharge de mousqueterie, et une troisième à l'élévation de la messe. Signé : Saint-Martin, Le Roux et Prigent.

11 juin 1728

Arrêté du Conseil provincial ayant pour objet de sommer M. Gast d'Hauterive, major de cette île, et MM. les officiers de la garnison, d'interposer leur autorité pour faire accepter aux troupes les vivres qui leur sont offerts ou de donner par écrit leur refus de l'assistance qui leur est demandée. — N° 45, f° 42.

Ces vivres consistent en sept livres et demie de riz en paille pour cinq jours, et cinq livres de farine pour cinq autres jours, à chaque homme.

Cet arrêté, dans ses motifs fait connaître qu'il ne reste en magasin que quatre quarts de farine; que M. Saint-Martin s'est transporté lui-même auprès des habitants pour obtenir de ces derniers le peu de riz en paille qu'ils possèdent, afin de réunir ces provisions à celle des quatre quarts de farine et d'avoir des vivres pour une vingtaine de jours en attendant l'arrivée du navire *l'Alcyon* ou de quelque autre bâtiment de l'île de Bourbon. Signé : Saint-Martin, Le Roux, et Prigent, greffier.

11 juin 1728

Procès-verbal dressé à l'occasion du refus fait par les soldats d'accepter les vivres qui leur sont offerts. — N° 46, f° 42.

Ce procès-verbal constate que ce refus est le résultat d'instigations de la part des sieurs d'Hauterive et Mascle, officiers de la garnison. Il est signé de MM. Saint-Martin, Le Roux et Prigent.

6 juillet 1728

Arrêté du Conseil provincial concernant la nourriture des soldats. — N° 47, f° 43.

Cet arrêté porte qu'attendu que les magasins de la Compagnie se trouvent entièrement dépourvus de vivres, malgré l'économie à laquelle on a eu recours pour parvenir à fournir aux soldats leurs rations ; ayant, à cet effet, obtenu même des habitants tout ce qu'on pouvait exiger d'eux, le Conseil n'a pas trouvé d'autre moyen pour faire subsister les troupes, tant pour les intérêts de la Compagnie que pour l'avantage du soldat lui-même, que de lui payer ses vivres conformément à la retenue qu'on lui fait de 4 sous par jour ; les soldats pouvant par ce moyen acheter des habitants, soit du maïs, soit des patates ou giromons et autres denrées qui peuvent se trouver sur les habitations et qui ne pourraient être données pour rations : Saint-Martin, Floch, et Prigent, greffier.

6 juillet 1728

Nomination par le Conseil provincial de M. Denis Le Roux, à la place de procureur du roi. Signé : Brousse, Saint-Martin, Floch èt Pringent, Greffier. — N° 48, f° 44.

28 octobre 1728

Lettre missive de M. Brousse à MM. de Saint-Martin et Floch, conseillers, ayant pour objet d'inviter ces derniers à se rendre au Conseil pour délibérer sur les affaires qui concernent la Compagnie et le roi. — N° 49, f° 44.

28 octobre 1728

Lettre missive de MM. de St-Martin et Floch en réponse à celle de M. Brousse. — N° 50, f° 44.

Cette lettre porte que les insultes et mauvais traitements que ces messieurs ont éprouvé de la part de M. Brousse, président, et qui sont de notoriété publique, joints d'ailleurs à ce que M. Brousse n'a aucune connaissance des affaires judiciaires, MM. de Saint-Martin et Floch sont, par ces motifs, dipensés et même empêchés de s'assembler avec M. le président Brousse, pendant qu'il sera chef du Conseil, à moins que de s'exposer à de nouvelles invectives et de participer aux procédures irrégulières faites par M. Brousse, contrairement aux ordonnances du roi ; que les motifs allégués contraignent MM. de Saint-Martin et Floch de surseoir à l'exercice de leur charge, jusqu'à ce que la Compagnie des Indes ou le Conseil supérieur de l'île de Bourbon ait mis ordre au présent état des choses.

28 octobre 1728

Lettre de M. Brousse en réponse à celle de MM. de Saint-Martin et Floch, contenant les motifs de leur refus de se rendre au Conseil. — N° 51, f° 44.

Cette lettre porte qu'attendu que par leur lettre de ce jour MM. de Saint-Martn et Floch ne se démettent point de leur charge de conseillers et qu'ils en prennent même la qualité au-dessous de leurs signatures, M. Brousse leur déclare qu'il n'est venu en ce port que pour terminer avec eux les différentes affaires qui y sont à juger, et qu'ils ne peuvent se refuser, par les raisons vagues contenues dans leur lettre, de tenir le Conseil avec lui ; que ce qui pourrait les en éloigner n'a rapport qu'à une discussion particulière qui ne doit apporter aucun retard ni nuire aux affaires du roi, de la justice et de la Compagnie, et au bien de la colonie. En conséquence, M. Brousse invite pour la seconde fois MM. de Saint-Martin et Floch de se trouver le jour même en la Chambre du Conseil du Conseil ou de lui faire parvenir leur démission par écrit.

28 octobre 1728

Lettre de MM. de Saint-Martin et Floch en réponse à celle de M.

Brousse, contenant une seeonde invitation à ces deux conseillers de se rendre au Conseil. — N° 52, f° 45.

Cette lettre porte que les raisons que MM. de Saint-Martin et Floch ont déduites dans leur précédente lettre et qui les empêchent de se rendre au Conseil, ne sont que trop réelles, que ces deux conseillers persistent en conséquence dans leur refus ; que c'est au Conseil supérieur de l'île de Bourbon, auquel ils sont subordonnés, que leur refus sera jugé : que cette circonstance n'empêchera pas MM. de Saint-Martin et Floch de continuer à donner leurs soins à tout ce qui concerne le bien de la colonie et l'administration des affaires de la Compagnie des Indes qui leur sont directement confiées tant par la Compagnie que par le Conseil supérieur de l'île de Bourbon ; que, quant à leur démission de leurs charges de conseillers qu'exige M. Brousse, ils n'ont ni le dessein ni le droit de la donner, pas plus que M. Brousse n'est fondé à la recevoir.

Ce démêlé a nécessité le transport en cette colonie de M. Dumas, gouverneur-général, à l'effet de rétablir l'ordre parmi les officiers de l'administration ainsi qu'on le verra au n° 59.

17 novembre 1728

Arrêté du Conseil provincial ayant pour objet le renvoi à l'île Bourbon de M. de Valory, pour raison de plaintes réitérées portées contre cet habitant. Signé : Saint-Martin, Floch, Le Roux. — N° 53, f° 45.

1er septembre 1728

Arrêté du Conseil d'administration relatif à une protestation faite par des soldats devant étre mis en congé à l'effet de former des habitations et de cultiver des terres. — N° 54, 46.*

Cette protestation et l'arrêté qui en est la suite résultent du refus fait par M. de Brousse, lieutenant de roi, de donner un congé d'un an à des soldats mariés à des filles envoyées par la Compagnie, et désignés pour aller s'établir sur des habitations dans un lieu situé près d'une rivière, nommée la rivière de Moka.

Le Conseil met en conséquence aux risques et périls de qui il

---

* Le Conseil provincial constitué en Conseil d'administration. Voyez l'avertissement mis en tête de la table générale et alphabétique des lois.

— 52 —

appartiendra le défaut d'exécution des ordres de la Compagnie en
ce qui concerne la culture des terres et les encouragements qu'il
convient de donner pour la formation d'établissements propres à
augmenter les familles et la population de cette île. Cet arrêté est
signé de MM. Saint-Martin, Floch, Prigent.

28 octobre 1728

*Arrêté du Conseil d'administration ayant pour objet de s'opposer
à un ordre donné au garde-magasin par le lieutenant de roi de payer
le prêt et de fournir les vivres au nommé Guingans ci-devant soldat.
— N° 55, f° 47.*

Les motifs de cette opposition sont, que le nommé Guingans ayant
épousé une des filles engagées par la Compagnie et envoyées en cette
île pour être mariées aux soldats qui les demanderont, à condition de s'établir et de se rendre habitants, le soldat Guingans ne
peut plus être compris dans l'état des paiements faits aux troupes
ni rien recevoir des magasins de la Compagnie. Signé : St-Martin,
Floch et Prigent.

9 décembre 1728

*Ordre de M. de Brousse, lieutenant de roi et président du Conseil
provincial, qui prescrit de se conformer aux ordonnances rendues
publiques dans la colonie, concernant la protection due à MM. les
curés lorsqu'ils réclament main forte et assistance. — N° 56,
f° 48.*

Cet ordre est donné à l'occasion d'une plainte de M. de Borthon,
prêtre de la Congrégation de la Mission, vicaire général à l'île de
France, de Son Eminence Mgr le cardinal de Noailles, archevêque
de Paris.

Cette plainte est relative à la punition du cheval de bois infligée
arbitrairement à une femme par un employé de l'administration.
Elle porte que M. Igou, missionnaire apostolique, curé du Port-
Bourbon, loin de recevoir assistance et main-forte de la part des
autorités, à l'effet de prévenir un scandale auquel sa qualité de
pasteur l'obligeait de s'opposer, a été au contraire maltraité de
paroles et a vu protéger contre sa réclamation un employé de la
Compagnie qui, de son autorité privée, et malgré l'opposition du
sieur Igou, a fait mettre sur le cheval de bois la femme du sieur
Coupet, habitant, dont la conduite a été irréprochable depuis
son mariage, selon le témoignage de son pasteur et de toutes les

honnêtes gens de la colonie ; que la conduite de cet employé est
tout à la fois un attentat à la justice dont M. Brousse est le chef
en cette île, un affront insigne au sieur Coupet, homme d'une
honnête famille, le plus grand outrage que l'on puisse faire à une
femme ; un scandale public, une insulte criante faite à un pasteur
zèlé pour le bien de ceux qui sont commis à ses soins ; que quelques choses qu'ait pu faire le sieur Igou, il a eu la douleur de voir
tous ces actes s'accomplir sous ses yeux, après s'être entendu dire
par l'employé dont il signale la conduite, que de tels faits ne le
regardaient pas, tandis que les devoirs de son ministère lui com-
mandent de s'opposer au scandale, de prendre le parti des inno-
cents opprimés et de maintenir le respect et l'hobéissance dus aux
pasteurs.

Le sieur Borthon a donc recours à M. de Brousse, lieutenant de
roi, pour qu'il lui plaise de renouveler les ordres de MM. de Nyon
et Dioré, ci-devant gouverneurs de cette île, et de défendre aux
employés toutes voies de fait en attendant que les particuliers
puissent obtenir justice d'une autorité supérieure qui viendra
apporter quelques remèdes à l'état déplorable où se trouve cette
colonie, où l'on a vu un Conseil établi par l'autorité du roi se
dissoudre pour la seconde fois, où les plus grands crimes demeurent
impunis et où les honnêtes gens sont maltraîtés.

29 novembre 1728

*Arrêté du Conseil d'administration ayant pour objet d'avertir les
gens paresseux et de mauvaise vie que, conformément aux ordres
de la Compagnie, ils ne recevront à l'avenir aucune subsistance et
qu'il ne leur sera fait aucune avance, que pour celles qui leur ont
été faites précédemment, le Conseil leur déclare que s'ils ne se
rendent pas sous huit jours à leurs habitations ils seront arrêtés et
affectés aux travaux de la Compagnie jusqu'à ce qu'ils se soient
acquittés envers elle. Signé : Saint-Martin, Floch et Prigent. —*
N° 57, f° 48.

8 octobre 1727

Ordre de la Compagnie portant défense aux Conseils établis dans
la colonie d'accorder des pensions ou gratifications aux employés
sans des instructions précises à cet effet, sauf le cas où il se trouverait quelque officier ou employé hors d'état de continuer leurs

3

services et de subsister par la cessation de leurs appointements. Les administrateurs pourront alors leur faire donner par provision une subsistance raisonnable jusqu'à ce que la Compagnie ait fait connaître ses ordres à cet égard, sur le rapport qui lui en sera adressé.

Permet la Compagnie aux administrateurs et même leur recommande de lui présenter les services des officiers et employés qui sont dans le cas de mériter des grâces soit par augmentation d'appointements ou gratifications. Signé : l'abbé Raguet, Dupre-Mesnil, Lauger, Fromaget, Duplux, Deshayes de la Gombaude.

Enregistré au Conseil provincial de l'île de France, le 16 mars 1729. N° 58, f° 49.

24 mars 1729

Procès-verbal fait à l'occasion de l'arrivée de M. Dumas, en cette île, venu pour rétablir l'ordre parmi les officiers de l'administration. — N° 59, f° 50.

Ce procès-verbal porte que M. Dumas est débarqué au port du sud-est, et qu'après avoir pris connaissance des affaires de la Compagnie, de la situation présente et des besoins de la colonie, il s'est rendu au Port-Louis; qu'il y a pris des mesures pour que chacun se renfermât dans les fonctions attachées au poste qu'il occupe, afin d'éviter des discussions toujours préjudiciables au service : qu'à cet effet M. Dumas a fait assembler un Conseil dans lequel il a représenté que la Compagnie songeant sérieusement à l'établissement de cette colonie, il était dans la résolution, pour seconder ses intentions, d'y laisser la plus grande partie des noirs ouvriers et des provisions embarquées à Pondichéry sur le navire *la Syrène*, mais qu'il y avait lieu de craindre que chacun ne travaillât pas de concert et ne concourût pas au bien commun de la colonie, et que cette division ne rendît infructueuses les dépenses que la Compagnie se proposait de faire; qu'avant de donner ses ordres pour le débarquement des objets qui sont sur la *Syrène*, il exigeait que chacun oubliât les discussions passées; qu'il serait dressé un règlement tant pour le rétablissement du Conseil provincial suspendu depuis le mois de juillet dernier et l'administration des affaires de la Compagnie, que pour les fonctions et détails qui concernent M. de Brousse, lieutenant de roi, et MM. les officiers de troupes; que chacun ferait sa soumission au bas de ce règlement de s'y conformer sans pouvoir s'en dispenser, sous aucun prétexte que ce puisse être, à peine de répondre en son propre et privé nom, dû désordre et du retard qui seraient apportés à l'exécution des ordres de la Compagnie.

Le présent procès-verbal est signé de MM. Dumas, Brousse, Gast d'Hauterive, Saint-Martin, Floch.

24 mars 1729

Règlement de M. Dumas, ayant pour objet le rétablissement du Conseil provincial, avec indication précise des fonctions appartenant à chacun des membres de cette Cour. Ce règlement pourvoit en même temps à l'administration des affaires de la Compagnie et détermine les fonctions et détails qui concernent M. de Brousse, lieutenant de roi. — N⁰ 60, f° 51.

Il porte en substance que M. Dumas, à son arrivée à l'île de France, ayant trouvé le Conseil provincial divisé et dissous, il sera rétabli d'après les ordres de la Compagnie, insérés dans sa lettre du 31 décembre 1727. Il sera composé des personnes ci-après dénommées, attendu qu'il est important que la justice soit rendue aux habitants et sujets du roi, et que les affaires ne demeurent pas en suspens. M. de Brousse est nommé président ; M. de St-Martin, premier conseiller, présidant le Conseil, attendu le séjour de M. de Brousse au Port-Louis ; M. d'Hauterive, second conseiller ; M. Floch, troisième conseiller et procureur du roi, sans déroger à son rang ; le sieur Prigent, greffier.

Le Conseil se tiendra au Port-Bourbon, quartier principal, aux jours et heures qui seront indiqués par le président, pour y rendre en première instance la justice tant civile que criminelle aux termes de l'édit de création du Conseil supérieur de l'île de Bourbon, du mois de novembre 1723.

M. de Saint-Martin aura en chef l'administration des affaires de la Compagnie dans les deux ports.

Le garde-magasin du Port-Louis, et tous les autres employés de la Compagnie seront sous ses ordres.

M. de Saint-Martin aura, en l'absence de M. Dumas, le gouvernement civil et la police sur tous les habitants de cette île, lesquels seront tenus de lui obéir et de lui porter du respect.

M. de Brousse, lieutenant de roi et commandant les militaires, donnera ses ordres à l'égard de tout ce qui concerne les troupes, et dans le cas où il serait question d'une défense commune, il commandera et ordonnera aux soldats et habitants tout ce qu'il croira convenable pour se défendre de l'ennemi.

M. Floch, résidant au port nord-ouest, aura soin d'y faire exécuter les règlements de police, qui lui seront envoyés par le sieur de Saint-Martin, et aura même, en l'absence de ce dernier, l'administration des affaires de la Compagnie.

Lorsque M. de Saint-Martin voudra faire assembler les habitants, il en donnera avis à M. de Brousse ou à l'officier commandant, qui ordonnera aux canonniers de tirer deux coups de canon, signal convenu à cet effet.

Le commandant des troupes aura soin que les soldats n'insultent aucun habitant.

Dans le cas où les ouvriers attachés aux travaux des magasins et fortifications, ne seraient pas en nombre suffisant, le commandant pourra autoriser les soldats à s'employer à ces travaux.

Si un habitant venait à commettre quelque faute ou crime, pourra le sieur de Saint-Martin, s'il le juge à propos, faire emprisonner cet habitant, et à cet effet il requerra main forte du commandant des troupes. Signé : Dumas, Brousse, Saint-Martin, Gast d'Hauterive et Floch.

25 mars 1729

Arrêté du Conseil provincial ayant pour objet d'adopter des mesures pour procurer des vivres à la colonie. — N° 61, f° 52.

Cet arrêté porte que la colonie de l'île de France se trouve depuis un mois sans moyens de subsistance, en attendant l'arrivée d'un navire expédié de Pondichéry, pour la secourir; qu'il n'y a d'autre mesure à prendre que de demander aux capitaines de deux navires maintenant en rade en cette ile d'y laisser la quantité de riz qu'ils ont pour leurs provisions et qui leur sera payée sur le pied de 12 francs pour le riz blanc et 5 livres pour le riz en paille, attendu qu'ils l'ont acheté dans l'Inde à un prix assez élevé.

Cette offre a été acceptée par les capitaines ci-dessus désignés, et la quantité de 16,307 livres de riz en paille et celle de 7,157 livres de riz blanc ont été déposées dans les magasins de la Compagnie. Signé : Dumas, Saint-Martin, Floch.

5 octobre 1728

Nomination par la Compagnie des Indes de M. Maupin à la place de commandant de l'île de France.

Enregistré au Conseil provincial de l'île de France, le 31 août 1729. — N° 62, f° 53.

14 décembre 1728

Confirmation par le roi de la nomination de M. Maupin à la place de commandant de l'île de France.

Enregistré à l'île de France le 31 août 1729. — N° 63, f° 54.

5 septembre 1729

Arrêté concernant la monnaie de cuivre à la marque de Pondichéry. — N° 64, f° 55.

Cet arrêté porte qu'aucune monnaie de cuivre de France ne se trouvant dans la caisse de la Compagnie pour payer le prêt aux soldats, les appointements des employés, officiers, ouvriers et les autres dépenses journalières, il est ordonné que la monnaie de cuivre à la marque de Pondichéry dont le cours a été supprimé par ordonnance du 15 mai 1729, sera remise en circulation. Cet arrêté n'est point signé.

5 septembre 1729

Ordre du Conseil provincial qui fixe à 15 sous le taux des journées des soldats employés aux travaux de la Compagnie et à 20 sous celui des journées demandées par les habitants. — N° 65, f° 56.

Cet ordre défend aux soldats d'exiger un plus fort salaire sous peine d'être punis de prison, et aux habitants, de leur payer un plus haut prix sous peine de 20 livres d'amende. Cet ordre n'est pas signé.

10 mars 1730

Démission du sieur Prigent de sa place de greffier et secrétaire du Conseil. Signé : Maupin. — N° 66, f° 58.

4 mai 1730

Nomination par le Conseil provincial de M. Dusart de la Salle aux fonctions de notaire en titre, de greffier et secrétaire du Conseil provincial, en remplacement de M. Prigent, greffier en chef. — N° 67, f° 62.

Le serment prêté à cette occasion par le sieur Dusart est du même jour. Signé : Maupin et Floch.

18 mai 1730

Arrêté du Conseil provincial ayant pour objet d'intimer l'ordre au capitaine du navire la Diane*, en rade du port de Bourbon, de porter des provisions aux habitants du port Nord-Ouest. Signé : Maupin et Floch. — N° 68, f° 64.*

19 mai 1730

Nomination de M. Gonnet, habitant de cette île, aux fonctions d'huissier. Signé : Maupin et Floch. — N° 69, f° 65.

25 mai 1730

Arrêté qui ordonne que le Conseil d'administration s'assemblera une fois par mois au Port-Louis. — N° 70, f° 65.

Cet arrêté porte que le Conseil se réunira le premier de cháque mois ; que tous ceux qui le composent seront tenus de s'y trouver, faute de quoi les affaires ne laisseront pas d'être délibérées par ceux qui seront présents. Que les affaires qui, dans le cours du mois, demanderont une prompte expédition, seront pareillement délibé-bérées par ceux des conseillers qui se trouveront réunis au président, sans être obligés d'y appeler les autres. Signé : Maupin, Floch, Saint-Martin.

25 mai 1730

Arrêté du Conseil provincial qui défend aux habitants de faire des ventes par actes sous seings privés, ou de contracter de cette manière tout autre engagement et qui enjoint de les faire par actes notariés. — N° 71, f° 66.

Cette défense est motivée sur ce que plusieurs habitants ayant fait usage d'actes sous seing privé, la Compagnie des Indes se trouve frustrée des droits que Sa Majesté l'a autorisée à percevoir sur les mutations. Signé : Maupin, Floch, Saint-Martin.

17 septembre 1729

Nomination de M. de Saint-Martin par la Compagnie des Indes aux places de commandant en second de l'île de France et de premier conseiller du Conseil provincial de cette île.

Enregistré à l'île de France, le 25 mai 1730. — N° 72, f° 66.

Confirmation par le roi de cette nomination, en date du 20 septembre 1729, et enregistrée le même jour à l'île de France.

14 juin 1730

Arrêté du Conseil d'administration relatif à un marché contracté avec M. D. Fortia, à l'effet de procurer des provisions à la Colonie dont les besoins sont pressants. — N° 73, f° 67.

Ces provisions consistent en boissons, salaisons et farine dont le Port-Louis se trouve totalement dépourvu, en sorte que les ouvriers sont privés de leurs rations et hors d'état de travailler.

Le Conseil ayant prié M. D. Fortia, passager à bord du navire *le Lys,* de céder à la Compagnie une partie des provisions qu'il a apportées de France, il a été convenu qu'à l'arrivée en cette île des boissons, farines et salaisons appartenant a la Compagnie, il en serait délivré à M. D. Fortia au prix auquel ces objets ont été cédés par lui à la Compagnie. Signé : Maupin et Floch.

15 juin 1730

Arrêté du Conseil provincial qui fait défense à tout particulier possédant des terres ou des établissements dans les campagnes, de séjourner dans les ports et de s'absenter de leurs établissements au préjudice de leurs travaux. — N° 74, f° 68.

Il leur est enjoint de se retirer incessamment sur leurs habitations pour les cultiver sans qu'ils puissent plus longtemps résider dans les ports où ils ne peuvent venir que pour prendre leurs vivres et entendre la messe les jours d'obligation.

Défense est faite aux gardes-magasins de fournir des vivres, outils, argent ou autre objet à ceux des habitants qui, au mépris du présent arrêté, continueront à demeurer dans les ports.

Cette mesure est motivée sur ce que plusieurs habitants, au détriment de leurs propres intérêts et sans avoir égard aux remontrances qui leur sont constamment faites, s'obstinent à demeurer oisifs dans les ports, en abusant des crédits et avantages que la Compagnie leur a faits, en se rendant insolvables et hors d'état de rembourser la Compagnie. Signé : Maupin et Floch.

25 juin 1730

Arrêté du Conseil provincial ayant pour objet de faire droit aux demandes des sieurs D. Fortia et Moret, tendant à obtenir des noirs de traite dits Pièces d'Inde. — N° 75, f° 68.

Le sieur D. Fortia expose au Conseil qu'il a payé en France dix noirs à la Compagnie au moyen de quoi elle s'est obligée à lui faire délivrer à l'île de France vingt des premiers noirs traités pour cette île.

Le sieur Moret fait connaître que n'ayant aucun moyen pour commencer à établir son habitation, il demande qu'il lui soit accordé deux noirs de la traîte du navire *la Diane*.

Le Conseil a décidé que, bien que la traîte apportée par le navire *la Diane*, fut destinée pour l'île de Bourbon, le nombre de noirs demandés en sera débarqué. Signé : Maupin et Floch.

27 juin 1730

Prestation de serment du sieur Jean-Joseph Moret, ancien notaire royal de la ville de Marseilles, et nommé par la Compagnie des Indes aux fonctions de procureur du roi à l'île de France. — N° 76, f° 69.

3 juillet 1730

Arrêté du Conseil provincial relatif à l'abandon que fait le sieur Fouilleuse, de son habitation, cases et esclaves situés aux plaines de Wilhems. — N° 77, f° 70.

Cet arrêté porte que sans approuver l'abandon que prétend faire le sieur Fouilleuse. cet habitant devant se pourvoir à cet effet devant le Conseil supérieur de l'île de Bourbon, le Conseil provincial, pour éviter que l'habitation ainsi délaissée, par le sieur Fouilleuse, soit brûlée ou pillée par les noirs marrons, et que les esclaves abandonnés meurent de faim, a ordonné, d'après l'avis du procureur du roi, qu'il serait placé un soldat sur l'habitation du sieur Fouilleuse pour y veiller et la faire cultiver; que ce soldat sera payé à raison de 15 francs par mois, outre ses vivres, et qu'il sera tenu par le garde-magasin un compte particulier de tout ce qui sera fourni des magasins de la Compagnie et de ce que l'habitation pourra produire, pour ce compte être rendu à qui de droit après la décision qui interviendra. Signé : Maupin, Saint-Martin, Floch et Moret.

Un jugement du Conseil provincial, en date du 13 novembre 1730, rendu sur un réquisitoire du procureur du roi, déclare nul et sans cause légitime, l'abandon fait par le sieur Fouilleuse de ses biens, par conséquent met aux compte et risques du sieur Fouilleuse toutes les conséquences de cet abandon, sans avoir égard au présent arrêté.

7 juillet 1730

Ordre de M. Maupin, commandant à l'île de France, concernant une plainte portée par le sieur Igou, curé du Port-Bourbon, à l'occasion d'une insulte publique qui aurait été faite à son caractère par le sieur de Saint-Martin, la femme Toutain et plusieurs soldats et habitants· — N° 78, f° 71.

Cette plainte porte que le sieur de Saint-Martin a donné ordre à quatre soldats d'aller prendre nuitamment quatre filles de la Compagnie, arrivées sur le navire *le Neptune*; que le sieur de Saint-Martin a logé ces filles sur son habitation pour les remettre au sieur Igou.

L'ordre de M. de Maupin, en résumant ainsi les faits contenus en la plainte du sieur Igou, annonce qu'ils sont détaillés plus au long dans une lettre missive de ce dernier.

Cette lettre n'est point transcrite au registre.

Il est ordonné au sieur de Saint-Martin de faire incessamment réparation convenable au sieur Igou ; de mettre la nommée Toutain en prison pour huit jours, et de faire une exacte recherche des soldats et habitants qui ont participé à l'insulte et scandale publics dont il est fait plainte, afin qu'ils soient également punis. Signe : Maupin.

16 juillet 1730

Arrêté du Conseil provincial ayant pour objet d'ordonner au capitaine du navire la Vierge de Grâce, *en rade du Port-Bourbon, de porter des vivres au port N. O. qui se trouve dans une extrême disette tant de boissons que d'autres provisions. Signé : Maupin et Floch.* — N° 79 , f° 71.

1er août 1730

Arrêté du Conseil provincial faisant droit à des requêtes présentées par des habitants acquéreurs de noirs nouveaux, dits Pièces d'Inde, tendant à obtenir que ces noirs soient traités aux frais de la Compagnie, attendu leur état actuel de maladie. — N° 80, f° 72.

Le Conseil, reconnaissant la justice de cette demande, a ordonné que les noirs dont est mention seraient remis au chirurgien-major de ce port pour être traités et guéris aux frais de la Compagnie. Signé : Maupin et Floch.

26 août 1730

Démission de M. Dusart de la Salle de ses places de greffier et secrétaire du Conseil provincial. Signé : Dusart de la Salle et Maupin. — N° 81 , f° 72.

5 septembre 1730

Arrêté du Conseil provincial faisant droit aux demandes des sieurs de Saint-Martin et Floch de se démettre de leurs places et de rendre compte de leur administration, à l'effet de passer en France. Signé : Maupin et Dumas. — N° 82 , f° 72.

9 septembre 1730

Arrêté du Conseil provincial qui porte que le registre n° 1 , ayant servi, depuis le folio premier jusqu'au folio soixante-douze verso, à enregistrer tant les sentences civiles et criminelles rendues par le Conseil provincial, que les délibérations du Conseil d'administration pour les affaires de la Compagnie et de police de cette île, ne servira plus à l'avenir qu'à insérer les sentences civiles et criminelles et les règlements de police pour la colonie. Signé : Dumas, Maupin, Moret, Giblot, de Merville de Saint-Rémy. — N° 83, f° 72.

27 septembre 1730

Règlement du Conseil provincial qui enjoint aux habitants de l'île de France de faire porter régulièrement les corps morts des chrétiens, tant blancs que noirs, au cimetière bénit de leur paroisse, pour y être inhumé par le curé, avec les cérémonies de l'Eglise, et de porter à l'église leurs enfants nouveaux-nés pour y recevoir le baptéme; de faire instruire leurs esclaves dans la religion catholique, apostolique et romaine, de les envoyer, à cet effet, les jours de dimanche et de fêtes, au catéchisme; de ne les employer à aucun travail ces mêmes jours de dimanches et de fêtes; d'avertir les curés lorsqu'ils auront des noirs malades en danger, pour, s'ils sont chrétiens, leur faire administrer les secours spirituels dont ils pourraient avoir besoin; de déclarer au greffe, les noirs, de l'un et de l'autre sexe, qui décéderont avant d'avoir reçu le baptéme, lesquels ne pourront être enterrés sans une permission du chef de la police du port le plus prochain, et qu'après que le cadavre du noir décédé aura été visité par un chirurgien qui, en présence de deux témoins, en dressera rapport et procès-verbal qui sera déposé au greffe; le tout à peine d'être procédé à l'égard les contrevenants qui seront punis suivant l'exigence des cas. — N° 84, f° 74.

Ce règlement est adopté par suite d'un mémoire en forme de dénonciation, présenté au Conseil provincial par MM. de Borthon et Igou, prêtres de la congrégation de la Mission, curés des Port-Louis et Bourbon, et sur un réquisitoire du procureur du roi, le tout relatif à la faute commise par le nommé François Marteau, dit Dragon, habitant à la Grande-Rivière, lequel a fait enterrer sans aucune cérémonie de l'Eglise, dans un champ de patates de son habitation, un de ses petits enfants mort, au lieu de l'avoir fait porter au cimetière de sa paroisse pour y être inhumé par le curé.

Le Conseil a ordonné que le nommé Marteau ferait exhumer le cadavre de son enfant pour le porter lui-même au cimetière de sa paroisse, afin d'y être enterré par le curé.

Le Conseil condamne, en outre, le nommé Marteau à une amende de 100 livres envers la Compagnie, au paiement de laquelle amende il sera contraint par toutes les voies de droit, même par corps. Signé : Maupin, Dumas, Giblot.

7 octobre 1730

Arrêté du Conseil provincial qui défend de bâtir sur le terrain destiné à l'enceinte du camp et des travaux de la Compagnie. — N° 85, f° 75.

Ce terrain est compris entre le ruisseau le plus proche du camp du côté de la grève en allant à Moka, et la seconde petite ravine au-delà de l'église limitrophe au terrain du camp et à celui où sont les cases des sieurs Danelle et Mascle, tirant une ligne de cette ravine jusqu'aux montagnes.

Cette défense est motivée sur ce qu'il a été remarqué que plusieurs particuliers, habitants et autres, ont construit des cases aux environs et sur le terrain destiné à l'enceinte du camp et des travaux de la Compagnie, et que ces bâtisses sont un obstacle à la continuation de ces travaux.

Il est en conséquence défendu aux propriétaires de ces cases de les relever et d'y faire aucune réparation. Signé : Maupin, Dumas, Moret et Giblot.

8 février 1729

Arrêté du Conseil d'Etat de Sa Majesté, qui fixe la valeur des monnaies de l'Inde ayant cours à l'île de Bourbon.

Enregistré au Conseil supérieur de l'île de Bourbon, le 28 octobre même année, et au Conseil provincial de l'île de France, le 11 février 1730. — N° 86, f° 78.

REGISTRE N° 2

21 septembre 1731

Prestation de serment du sieur de Prince, chirurgien-major, à l'effet de dresser en cette qualité des procès-verbaux ou rapports faisant foi en justice. Signé : Maupin et de Prince. — N° 87, f° 1.

9 mai 1732

Prestation de serment de M. Herbault en qualité de conseiller au Conseil provincial de l'île de France. Signé : Maupin et Herbault. — N° 88, f° 6.

REGISTRE N° 3

26 août 1732

Arrêté du Conseil supérieur de l'île de Bourbon qui ordonne que les maisons, magasins et cases en bois équarri et brut, à commencer de la date du présent arrêté, et sans aucun effet rétroactif, seront réputés immeubles et comme tels vendus ou partagés à l'avenir.

Enregisté au greffe du Conseil provincial de l'île de France, le 24 septembre 1732. — N° 89, f° 5.

Les cases faites de feuilles sont exceptées.

Cet arrêté, signé des conseillers Dumas, Gachet, L. Morel et Goubert, est rendu sur un réquisitoire du procureur général du roi, expositif que certain incident ayant fait naître en l'année 1730, une question touchant l'état et la qualité des cases situées en ces îles, l'arrivée des vaisseaux d'Europe et leur expédition auraient privé le Conseil de s'occuper de matières aussi importantes avec le temps et la maturité qu'elles exigent.

Qu'il s'agit aujourd'hui de savoir si les cases et autres bâtiments construits en ces îles doivent être réputés meubles ou immeubles ; que cette difficulté, encore indécise, demande une solution précise et formelle.

Les cases ont ordinairement depuis dix-huit jusqu'à trente pieds de longueur sur une largeur proportionnée ; il y en a de trente-cinq et quarante pieds, et quelques-unes ont plus de cinquante pieds ; les pièces qui servent à leur construction ont

environ douze pouces de large et quatre pouces et demi d'épais-
seur , leur assemblage forme une hauteur de huit à dix pieds et
quelquefois de onze sous barreaux ; ces pièces, ainsi jointes les
unes sur les autres , sont nécessairement chevillées ; elles font
ensemble une construction qui est à l'épreuve des plus
violentes tempêtes ; on y est à l'abri des plus furieux ouragans ; et
pour peu qu'elles soient calfeutrées , elles sont aussi impénéné-
trables à la pluie que les maisons d'Europe; l'inconvénient d'être
sujettes au feu leur est commun avec celles-ci.

Ces cases prennent leur être et leur qualité de la fin pour laquelle
elles sont faites ; les maisons d'Europe et les cases sont également
pour l'usage des hommes , pour les mettre à couvert de l'injure et
de l'intempérie de l'air ; les cases sont des logements qui tiennent
lieu de maisons, on les meuble comme les maisons en France, on
y fait des chambres et des cabinets de la même manière, on y a ,
si l'on veut , des greniers et même des caves , et ce qui n'existe que
dans quelques-unes peut se pratiquer dans toutes les autres.

Une des principales conditions que la coutume requiert pour
mettre de certains meubles au nombre des immeubles, c'est d'avoir
été faits pour perpétuelle demeure ; il n'y a personne qui n'ait ce
dessein en bâtissant une case sur son emplacement. Les trans-
ports qui s'en font de temps à autre , n'ont d'autre cause que les
événements imprévus et les révolutions inespérées ; cela n'arrive
que contre l'attente de celui qui a bâti. Ces cases, qui peuvent
durer plus de cent ans, doivent par conséquent être censées immeubles aussi bien qu'une statue qui a été posée en cette vue dans
un jardin , sur un piédestal.

L'esprit de la coutume , interprêté par quantité d'arrêts , est de
regarder comme immeubles ce qui peut produire un revenu certain , ordinaire et annuel. C'est pour cela que les moulins sur
bâteaux qui ne sont fixés en aucun lieu , les pressoirs , les tonnes
et les cuves qui en dépendent , les lapins en garennes, le poisson
dans les étangs ou la fosse, les pigeons en colombiers , les ruches
de mouches à miel, un bac et les matériaux qui représentent la
maison qu'ils composaient , ont acquis le sort des immeubles et
sont des comparaisons très-concluantes pour les cases dont est
question.

Il est aisé de voir qu'il n'y a aucun inconvénient à mettre les
cases au nombre des immeubles ; au contraire, dans les successions elles ne sont point susceptibles de partage, et on ne peut très-
souvent mieux faire que de les mettre en licitation entre co-héri-
tiers ou en vente publique pour en partager le prix. Cette seule

raison doit donner aux cases une qualité qu'elles ont aussi nécessairement que les maisons d'Europe. Ainsi elles doivent appartenir
à l'héritier de l'immeuble, être sujettes au retrait lignager quand
elles sont un propre, être vendues par décret lorsque le cas l'exige
et avoir suite par hypothèque.

On doit porter le même jugement des cases de bois ronds, la
qualité de bois brut ne fait ici aucune différence, ces cases pouvant
être aussi bonnes, aussi logeables et d'aussi longue durée que celles
de bois équarri Il n'y a que les cases de feuilles qui doivent être
exceptées.

Les magasins sont de même genre, ils sont plus ou moins grands,
ils sont soutenus sur des piliers enfoncés en terre de la hauteur de
cinq pieds. Ces magasins servent à contenir des récoltes entières
de grains ou de denrées.

REGISTRE N° 4

4 novembre 1734

Edit de Sa Majesté le roi de France, qui supprime le Conseil
provincial établi à l'île de France et crée un Conseil supérieur en
cette île.

*Enregistré au greffe du Conseil supérieur de l'île de France, le
8 juin 1735. — N° 90, f° 1.*

Le Conseil supérieur sera composé du gouverneur général, du
directeur général du commerce, de quatre conseillers, d'un procureur général et d'un greffier.

Le Conseil supérieur jugera au nombre de cinq en matière civile,
et au nombre de sept en matière criminelle ; les jugements seront
rendus en dernier ressort, et exécutés sans appel.

En cas d'absence ou de légitime empêchement des juges titulaires, il sera appelé un nombre suffisant de Français capables et de
probité pour les suppléer tant au civil qu'au criminel, encore que
ces personnes ne soient graduées, ce dont elles sont dispensées.

8 novembre 1734

Nomination par la Compagnie des Indes, de M. de Labourdonnais aux places de gouverneur général des îles de Bourbon et de France, et président des Conseils supérieurs établis en ces îles.

Enregistré au greffe du Conseil supérieur de l'île de France, le 8 juin 1735. — N° 91, f° 2.

10 novembre 1734

Lettres patentes de Sa Majesté le roi de France, qui confirment la nomination de M. de Labourdonnais par la Compagnie des Indes, aux places de gouverneur général des îles de Bourbon et de France, et président des Conseils supérieurs établis en ces îles.

Enregistré au greffe du Conseil supérieur de l'île de France, le 8 juin 1735. — N° 92, f° 2.

10 novembre 1734

Nomination par la Compagnie des Indes, de M. de Saint-Martin, à la place de premier conseiller au Conseil supérieur de l'île de France, pour, en cette qualité, être chargé du gouvernement civil et militaire, et présider le Conseil supérieur, en l'absence de M. de Labourdonnais.

Enregistré au greffe du Conseil supérieur de l'île de France, le 8 juin 1735. — N° 93, f° 3.

10 novembre 1734

Lettres patentes de Sa Majesté le roi de France, qui confirment la nomination de M. de Saint-Martin par la Compagnie des Indes, à la place de premier conseiller au Conseil supérieur de l'île de France, pour, en cette qualité, être chargé du gouvernement civil et militaire, et présider le Conseil supérieur en l'absence de M. de Labourdonnais.

Enregistré au greffe du Conseil supérieur de l'île de France, le 8 juin 1735. — N° 94, f° 3.

20 octobre 1734

Nomination de M. de Saint-Martin par la Compagnie des Indes, à la place de directeur général du commerce à l'île de France, pour, en cette qualité et en l'absence de M. de Labourdonnais Mahé, gouverneur général des îles de Bourbon et de France, régir et administrer les affaires de la Compagnie.

Enregistrée au greffe du Conseil supérieur de l'île de France, le 8 juin 1735. — N° 95, f° 3.

8 novembre 1734

Nomination par la Compagnie des Indes de M. Azéma, à la place de conseiller au Conseil supérieur de l'île de France.

Enregistrée au greffe du Conseil supérieur de l'île de France, le 8 juin 1735. — N° 96, f° 4.

10 novembre 1734

Lettres patentes de Sa Majesté le roi de France qui confirment la nomination de M. Azéma par la Compagnie des Indes, à la place de conseiller au Conseil supérieur de l'île de France.

Enregistrées au greffe du Conseil supérieur de l'île de France, le 8 juin 1735. — N° 97, f° 4.

8 novembre 1734

Nomination de M. Giblot par la Compagnie des Indes, à la place de conseiller au Conseil supérieur de l'île de France.

Enregistrée au greffe du Conseil supérieur de l'île de France, le 8 juin 1735. — N° 98, f° 4.

10 novembre 1734

Lettres patentes de Sa Majesté le roi de France, qui confirment la nomination de M. Giblot par la Compagnie des Indes, à la place de conseiller au Conseil supérieur de l'île de France.

Enregistrées au greffe du Conseil supérieur de l'île de France, le 8 juin 1735. — N° 99, f° 4.

8 novembre 1734

Nomination de M. Duhoux Des Agés par la compagnie des Indes, à la place de conseiller au Conseil supérieur de l'île de France.

Enregistrée au greffe du Conseil supérieur de l'île de France, le 8 juin 1735. — Nº 100, fº 4.

10 novembre 1734

Lettres patentes de Sa Majesté le roi de France, qui confirment la nomination de M. Duhoux Des Agés par la Compagnie des Indes, à la place de conseiller au Conseil supérieur de l'île de France.

Enregistrées au greffe du Conseil supérieur de l'île de France, le 8 juin 1735. — Nº 101, fº 5.

8 juin 1735

Prestation de serment de MM. de Saint-Martin, Giblot, Duhoux Des Agés, Dalbert, Destourelles, Legon, Merville de Saint-Rémy et Colbert; le premier en qualité de second de l'île, de premier conseiller au Conseil supérieur, et de directeur général du commerce; les trois suivants en celle de conseillers; le cinquième en celle de procureur général du roi; le sixième comme secrétaire du Conseil supérieur et notaire; et le septième comme greffier et notaire du Conseil. Ces deux derniers sont nommés par le Conseil supérieur. — Nº 102, fº 5.

Ces divers serments sont prêtés entre les mains de M. de Labourdonnais, gouverneur général des îles de Bourbon et de France, et président du Conseil supérieur.

REGISTRE Nº 5

6 février 1737

Nomination par M. de Labourdonnais, au nom de la Compagnie des Indes, du sieur Bertignon à l'office d'huissier exploitant en cette île et priseur de biens meubles ; et prestation de serment du sieur Bertignon en cette qualité. — N° 103 , f° 1.

6 mai 1737

Admission du sieur Molère à l'office de notaire. Le sieur Molère, nommé à cet office par MM. les syndics de la Compagnie des Indes, a prêté ce jour, devant la Cour, le serment exigé à l'effet d'exercer ses fonctions. — N° 104, f° 3.

17 août 1737

Arrêté du Conseil supérieur, qui, sur une requête du procureur général du roi, et pour les causes y contenues, ordonne que le nommé Annibal, noir de Madagascar, esclave de François Aly, dit Davraincourt, habitant du quartier des Pamplemousses, la nommée Isabelle, femme dudit Annibal, et ses deux petits enfants âgés d'environ quatre à cinq ans, seront mis au nombre des esclaves de la Compagnie, à laquelle ils appartiendront à compter de ce jour; que le compte d'Aly sera crédité du prix des esclaves ci-dessus désignés; qu'il sera fait audit sieur Aly injonction de traiter ses esclaves humainement, les nourrir, habiller d'après les règlements qui seront exécutés selon leur forme et teneur. Signé : Mahé de Labourdonnais, Saint-Martin, Azéma, Giblot, Duhoux des Agés. N° 10, f° 5.

25 novembre 1738

Réception par le Conseil supérieur du sieur Laurent Avice aux fonctions d'huissier du Conseil au lieu et place du sieur Bertignon, et prestation de serment dudit sieur Laurent Avice. — N° 106, f° 23.

31 août 1743

Arrêté du Conseil supérieur, qui ordonne l'enregistrement des lettres de provisions en date du .... de l'état et office de conseiller au Conseil supérieur de l'île de France, accordées par S. M. le roi de France au sieur Nicolas-Antoine Herbault. — N° 107, f° 107.

La prestation de serment de M. Herbault est du même jour.

Signé : Mahé de Labourdonnais, Saint-Martin, Azéma, Giblot, Duhoux Des Agés.

31 août 1743

Arrêté du Conseil supérieur, qui ordonne l'enregistrement au greffe des lettres de provisions de l'état et office de conseiller au Conseil supérieur de l'île de France, accordées par le roi au sieur Bonneau. — N° 108, f° 108.

La prestation de serment de M. Bonneau est du même jour. Cet arrêt est signé de MM. de Labourdonnais, Saint-Martin, Azéma, Giblot, Herbault, Duhoux Des Agés, Hargenvilliers.

14 janvier 1744

Arrêt du Conseil supérieur, qui admet le sieur Molère aux fonctions de greffier en chef du Conseil, vacantes par la mort du sieur Colbert, et ordonne que la commission délivrée à cet effet au sieur Molère par M. de Labourdonnais sera enregistrée sur le registre du greffe. Signé : Azéma, Giblot, Bonneau, Herbault, Duhoux des Agés, de Merville Saint-Remy. — N° 109, f° 115.

REGISTRE N° 6

5 septembre 1744

Admission du sieur Jean-Baptiste Laurent Maillard aux fonctions d'huissier du Conseil et de priseur de biens meubles, aux lieu et place de M. Dupont, décédé. — N° 110, f° 13.

Le serment de M. Maillard est du même jour. Signé Mahé de Labourdonnais et Maillard.

24 août 1745

Arrêt de règlement du Conseil supérieur, qui fait expresses défenses et inhibitions à tous noirs esclaves, soit d'habitants, soit de la Com-

pagnie, ou de toutes autres personnes de quelques qualité et condi-
tion qu'elles soient, de porter aucune arme à feu, et à leurs maîtres
de leur en souffrir et de leur en fournir, à peine contre le noir qui
s'en trouvera porteur, de deux cents coups de fouet pour la première
fois, et de 100 livres d'amende contre le maître qui le souffrira. —
N° 111, f° 31.

Il est pareillement défendu aux habitants d'aller sur les grands chemins et de s'écarter de leurs maisons à plus de trente pas, sans arme à feu à peine de pareille amende.

Il est néanmoins permis aux habitants et autres personnes de faire porter leurs fusils par leurs noirs, mais de façon que ces derniers ne s'écartent d'eux qu'à la portée du pistolet.

Il est également permis à l'habitant de faire porter par un ou plusieurs de ses noirs des fusils sur son habitation, en cas d'alarme ou autre événement, en sa présence seulement de façon que les noirs soient toujours devant lui, à la portée du fusil dont il sera armé lui-même.

Il est pareillement défendu à toutes personnes, de quelques qualité et condition qu'elles soient, de donner, confier et vendre de la poudre à aucun noir à peine de prison et de 300 livres d'amende, et de deux cents coups de fouet contre les noirs qui s'en trouveraient saisis. Et pour prévenir tout inconvénient, il est défendu à tout habitant de laisser aucune arme à feu dans sa maison, sans en ôter le chien, qu'il emportera avec lui ou fermera sous clef, à peine de 100 livres d'amende et d'être garant dans les cas ci-dessus des dommages qui pourraient en résulter. Signé : Mahé de Labourdonnais, Giblot, Duhoux Des Agés, Bonneau, Herbault et Molère.

Ce règlement est adopté par suite d'un réquisitoire du procureur général du roi, lequel expose que l'on trouve journellement dans le camp, sur les grands chemins et sur les habitations des noirs armés de fusil et de pistolets ; que ce port d'armes défendu dans toutes les colonies, a été toléré dans cette île jusqu'à ce moment parce qu'il y avait peu de noirs ; mais que la colonie étant considérablement augmentée et augmentant tous les jours, ce port d'armes pourrait devenir dangereux s'il était plus longtemps toléré.

17 septembre 1745

Admission du sieur Jean-Barnabé-Anne Leyris aux fonctions
d'huissier du Conseil et priseur des biens meubles au lieu et place
de M. Maillard. — N° 112, f° 52.

Le serment de M. Legris est du même jour. Signé : De Labourdonnais et Legris.

30 octobre 1745

*Admission du sieur Jean Guère aux fonctions d'huissier du
Conseil et de priseur de biens meubles, en remplacement de M. Legris,
démissionnaire. Signé : de Labourdonnais et Guère. — N° 113, f° 35.*

10 mars 1746

Provisions accordées par le roi à M. Pierre-Félix-Barthélemy
David, en vertu desquelles M. David est investi du gouvernement
général des îles de France et Bourbon et de la charge de président
des Conseils supérieurs y établis.

*Enregistrées au greffe du Conseil supérieur de l'île de France,
le 8 octobre 1746. — N° 114, f° 55.*

10 mai 1746

Commission adressée par M. le chancelier d'Aguesseau au Conseil
supérieur de l'île de France, à l'effet de commettre et députer le
premier ou plus ancien officier de l'île de France se trouvant sur
les lieux, pour recevoir le serment de M. David, empêché de prêter
ce serment à Paris entre les mains du chancelier.

M. David a prêté serment entre les mains de M. de Saint-Martin,
gouverneur, par intérim, des îles de France et de Bourbon.

M. David est nommé en remplacemeut de M. de Labourdonnais
qui a demandé la permission de se démettre de son gouvernement.

Même enregistrement que dessus. — N° 115, f° 56.

10 mars 1746

Provisions accordées par le roi à M. Charles-François Giblot
nommé aux fonctions de premier conseiller au Conseil supérieur
de l'île de France, de président de ce Conseil, et de commandant
de cette île en l'absence de M. David, gouverneur général des îles
de France et de Bourbon.

M. Giblot a prêté serment devant le Conseil. Le Conseil a ordonné
aussi l'enregistrement de la Commission accordée à M. Giblot par

les syndics et directeurs de la Compagnie des Indes, aux effets ci-dessus, sous la date du 12 mars 1746.

Même enregistrement que dessus. — N° 116, f° 57.

8 octobre 1746

Arrêt du Conseil supérieur, qui admet le sieur Etienne-François Lejuge aux fonctions de conseiller au Conseil supérieur de cette île. — N° 117, f° 59.

M. Lejuge a prêté serment le même jour devant la Cour.

Cette admission résulte d'une délibération du Conseil supérieur qui porte que la Compagnie, par sa lettre du 12 mars 1746, mande qu'elle envoie M. Lejuge en qualité de conseiller au Conseil supérieur de l'île de France ; que les provisions accordées à M. Lejuge s'étant trouvées dans un paquet dont était chargé M. David, gouverneur général de ces îles, ces provisions, au lieu d'être expédiées pour le Conseil supérieur de cette île, se sont trouvées l'être pour celui de l'île de Bourbon ; qu'on ne peut en conséquence procéder juridiquement à la réception de M. Lejuge ; mais comme l'intention de la Compagnie est que M. Lejuge soit conseiller au Conseil supérieur de l'île de France, il a été arrêté que l'on demanderait à la Compagnie de nouvelles provisions, et qu'en attendant, M. Lejuge exercerait la charge de conseiller et jouirait des honneurs et prérogatives attachés à cette place. Signé : David, Saint-Martin, Giblot, Hargenvilliers et Herbault.

26 novembre 1746

Règlement du Conseil supérieur, qui fait très-expresses inhibitions et défenses à tous habitants, officiers, employés et autres personnes, de quelque qualité qu'ils soient et sous quelque prétexte que ce soit, de chasser ou faire chasser leurs noirs dans l'étendue de l'île à compter du jour de la publication du présent règlement, à peine de 100 piastres d'amende applicables moitié au dénonciateur et moitié à l'hôpital, au paiement de laquelle amende les contrevenants seront contraints par corps, Signé : David, Giblot, Hargenvilliers, Herbault et Molère. — N° 118, f° 62.

Ce règlement est adopté par suite d'un réquisitoire du procureur général du roi, qui expose que par les concessions faites aux habitants des terrains qu'ils possèdent, la Compagnie s'est toujours réservé le droit de chasser, ce qui est un droit seigneurial; que néanmoins les habitants et autres particuliers, par une tolérance préjudiciable aux droits de la Compagnie, ont chassé, fait chasser leurs noirs ou commandeurs, en sorte que le gibier se trouve presque entièrement détruit à la proximité du camp; ce qui est cause que les chasseurs nommés par la Compagnie pour fournir de la viande tant aux vaisseaux de relâche qu'aux habitants, et à la distribution ordinaire qui s'en fait au camp, ne peuvent en trouver que dans des quartiers si éloignés que le gibier arrive presque toujours gâté.

10 mars 1747

Admission du sieur François-Jacques Bertin à l'office de notaire du Conseil supérieur de cette île, et serment dudit sieur Bertin. Signé : David et Bertin — N° 119, f° 66.

22 avril 1748

Admission du sieur Dosseville aux fonctions d'huissier du Conseil supérieur et priseur de biens meubles, aux lieu et place de M. Guère. — N° 120, f° 99.

Le serment de M. Dosseville est du même jour. Signé : David et Dosseville.

15 décembre 1748

Arrêt de règlement du Conseil supérieur, qui porte qu'il ne sera accordé de remise sur le droit des lods et ventes qui écherront à la Compagnie qu'à ceux qui, avant leur acquisition, auront déprié à la seigneurie de la Compagnie, et pour recevoir à l'avenir les dépris de ceux qui voudront faire des acquisitions en cette île, le Conseil a nommé et nomme M. Barthélemy Dagan, conseiller; ordonne qu'il sera tenu registre des dépris qui seront faits à la seigneurie de la Compagnie; que ce registre sera cotté et paraphé par M. le gouverneur et président du Conseil; que sur ce registre M. Dagan inscrira le nom de celui qui sera venu déprier, la situation du terrain dont il sera question, et le prix convenu entre lui et son vendeur; qu'il remettra à l'acquéreur son certificat, afin que sur ce certificat, il soit fait remise à l'acquéreur de partie du droit de lods et ventes conformément aux intentions de la Compagnie; fait défense de recevoir le dépri de ceux qui auront signé leur contrat d'acquisition et de leur accorder aucune remise sur le certificat qu'ils auraient

*pu surprendre d'une date postérieure à leur contrat d'acquisition;
enjoint aux notaires de cette île de remettre à M. Dagan, dans les
vingt-quatre heures de la passation des contrats d'aliénation, un
extrait d'iceux contenant toutes les conditions de ces aliénations,
pour en être par le sieur Dagan fait note et rapport au plus prochain
conseil de la date des aliénations. Signé : David, Hargenvilliers,
Dagan, Giblot, Lejuge, Adam de Villiers. — N° 121, f° 115.*

Ce règlement résulte d'un réquisitoire du procureur général du
roi, qui expose que l'intention de la Compagnie étant d'accorder une
remise sur le droit des lods et ventes aux habitants qui acquièrent
des terrains dans cette île, il est nécessaire de mettre l'habitant en
état de déprier et de notifier l'acquisition qu'il entend faire, afin de
profiter de la remise que la Compagnie entend lui accorder ; que
jusqu'à présent il n'y a eu personne de préposé pour recevoir le
dépri, ce qui a donné lieu aux vendeurs, de concert avec les
acquéreurs, de porter partie du prix du terrain sur la valeur des
esclaves, bestiaux, ustensiles et meubles de leurs habitations pour
modérer le droit de lods et ventes auxquel l'aliénation donne ouverture; ce qui forme un abus qui peut occasionner des ventila-
tions à la charge de l'acquéreur et lui faire perdre la remise que la
Compagnie entend accorder à ce qui traitent de bonne foi ; qu'il
est nécessaire d'obvier à cet abus et de mettre l'habitant à même
de profiter des bontés de la Compagnie et de prévenir par là des
frais ruineux pour les acquéreurs.

11 juin 1749

*Réception de M. François-Germain Panchin aux fonctions de
greffier du Conseil supérieur, conjointement avec le sieur Molère,
greffier en chef. Signé : David, Hargenvilliers, Giblot, Adam
de Villiers, Lejuge, Dagan. — N° 122, f° 121.*

Le serment du sieur Panchin est du même jour.

La commission délivrée au sieur Panchin par M. David, gouverneur, est du 2 juin 1749 ; elle est transcrite au registre à la
suite du présent arrêt de réception.

24 décembre 1749

*Réception du sieur Panchin aux fonctions de notaire aux lieu et
place du sieur Bertin. — N° 123, f° 131.*

Le sieur Panchin a prêté serment le même jour. Signé : David,
Giblot, Hargenvilliers, Adam de Villiers, Lejuge et Dagan.

14 mars 1750

Provisions accordées par le roi à M. Jean-Baptiste-Charles de Lozier Bouvet, chevalier de l'ordre royal et militaire de Saint-Louis, en vertu desquelles M. Bouvet est nommé à la place de gouverneur particulier de l'île de Bourbon, et président du Conseil supérieur y établi, et ce sous les ordres de M. David, gouverneur général des îles de France et de Bourbon, et en cas d'absence de M. David, être appelé à prendre le gouvernement en chef de ces îles.

Enregistrées au Conseil supérieur de l'île de France, le 17 août 1750. — N° 124, f° 146.

M. de Lozier Bouvet a prêté son serment à Paris, le 21 mars 1750 entre les mains de Mgr Daguesseau, chancelier de France. M. Lozier Bouvet est nommé en remplacement de M. Didier de Saint-Martin.

Août 1749

Edit du roi concernant les établissements et acquisition des gens de main morte.

Donné à Versailles et enregistré au greffe du Conseil supérieur de l'île de France, le 22 octobre 1750. — N° 125, f° 156.

19 août 1751

Admission du sieur Mathurin-Louis Bourlier aux fonctions de notaire du Conseil supérieur de cette île. — N° 126, f° 102.

Le sieur Bourlier a prêté serment le même jour. Signé : David et Bourlier.

REGISTRE N° 7

12 février 1743

Commission accordée par la Compagnie des Indes à M. Jean-Baptiste Azéma, pour remplir les places de directeur général du commerce et de commandant des troupes à l'île de France en remplacement de M. de Saint-Martin.

Enregistrée au greffe du Conseil supérieur de l'île de France, le 11 mai 1744. — N° 127, f° 5.

7 novembre 1750

Dépôt de l'acte de concession de l'île Sainte-Marie à Madagascar. — N° 128, f° 63.

19 août 1750

Lettres de rémission accordées par le roi au sieur de Varennes.

Enregistrée au greffe du Conseil supérieur, le 29 mai 1754. — N° 129, f° 89.

23 avril 1751, 27 octobre 1754, 6 novembre 1751

Lettres missives du garde des sceaux, contenant des décisions de Sa Majesté relatives aux matières criminelles.

Enregistrées au greffe du Conseil supérieur, le 29 décembre 1755. — N° 130, f° 103.

REGISTRE N° 8.

27 janvier 1752

Réception du sieur Boudard en qualité d'arpenteur chargé du mesurage et arpentage des habitations concédées et à concéder. Signé : David, Lejuge, Gosse. — N° 131, f° 5.

L'arrêt de réception du sieur Boudard contient des dispositions relatives à la manière de procéder à l'arpentage des terrains concédés et non concédés.

8 février 1752

Arrêté du Conseil supérieur, qui ordonne la réunion au domaine de la Compagnie de cent trente-trois terrains abandonnés par des particuliers qui en avaient obtenu la concession. Signé : David, Lejuge et C. Gosse. — N° 132, f° 10.

Cet arrêt résulte d'un réquisitoire du procureur général du roi, qui remontre que les circonstances de l'établissement de l'île de France ont engagé la Compagnie à accorder des terrains à tous ceux qui en ont demandé ; que la culture a été son principal but et a formé la condition du don qu'elle a fait, puisqu'elle a rendu les terrains reversibles à son domaine faute de mise en valeur ; que cette clause est de rigueur ; la Compagnie l'a envisagée comme le prix du don qu'elle faisait, mais ce qu'elle craignait est arrivé : des gens sans forces se sont fait concéder des terrains et les ont abandonnés ; des gens non domiciliés les ont demandés, et contre l'intention de la Compagnie, on leur a accordé des terres ; ces personnes n'en ont même pas pris possession ; d'autres se sont fait concéder des terres et en ont acheté en si grande quantité, que les forces leur manquant, ils en ont abandonné une partie pour faire valoir l'autre, en sorte qu'aujourd'hui la grande quantité de terres incultes empêche les nouveaux établissements que la Compagnie se propose de faire, éloigne les habitants les uns des autres, rend les quartiers déserts et impraticables, les assujettit à des événements qui peuvent troubler le repos de ceux qui voudraient s'y établir ; que toutes ces particularités réunies apportent un obstacle aux secours mutuels que les habitants se doivent, ainsi qu'à l'Etat, faute de pouvoir se réunir aussi promptement que l'exigent les circonstances ; que le vol, le feu, la dévastation des vivres et des troupeaux sont une suite inévitable de ce désordre et de cet éloignement ; qu'il importe de remédier à de pareils inconvénients en confirmant la réunion qui s'est faite des terrains dont est mention, au domaine de la Compagnie, afin de les rendre impétrables.

8 février 1752

Arrêt du Conseil supérieur, qui ordonne la réunion au domaine de la Compagnie de soixante-onze terrains abandonnés par des particuliers qui en avaient obtenu la concession. Signé : David, Lejuge et C. Gosse. — N° 133, f° 18.

Cet arrêt est rendu sur un nouveau réquisitoire du procureur-général du roi qui expose que la Compagnie des Indes, pour procurer l'abondance aux habitants de cette île et à ses vaisseaux allant et venant dans ce port, a gratifié les habitants de la propriété de partie de son domaine ; que depuis cette générosité, des vues de condescendance, d'utilité particulière et publique lui ont fait consentir que ces mêmes habitants abandonnassent leurs premières concessions, et en reprissent d'autres dans des cantons où ils ont pensé que leurs travaux et leurs peines fructifieraient davantage avec moins de dépenses ; mais la Compagnie n'imaginait pas qu'il en naîtrait un abus que le procureur général croit devoir signaler.

Des particuliers, après avoir remis leurs concessions pour en demander d'autres que la Compagnie leur a accordées, vendent à des tiers les terrains dans la propriété desquels la Compagnie est rentrée de droit au moyen de la remise que ces personnes en ont faite ; qu'il peut naître de cet abus des dissensions sur ce que ceux qui, sur la foi d'une vente émanée d'un tiers en qui il ne réside plus de droits acquis, croiraient pouvoir contester la propriété à ceux à qui la Compagnie aurait de nouveau concédé ces mêmes terrains réunis à son domaine.

24 septembre 1751

Lettres de provisions de conseiller au Conseil supérieur de l'île de France accordées par le roi à M. Jacques-François Mabille.

Enregistrées au greffe du Conseil supérieur, le 7 juin 1752. — N° 134, f° 56.

6 juin 1750 et 30 décembre 1751

Arrêt du Conseil d'Etat du 6 juin 1750, et lettres patentes du 30 décembre 1751, concernant la réunion au domaine de la Compagnie des Indes, des Aldées, d'Archionac et Thédonvanatan, que le nabab d'Arcatte a données au sieur Dumas, gouverneur général des établissements français dans l'Inde, en reconnaissance de l'asile qui fut accordé à ce nabab, à Pondichéry, contre l'armée victorieuse des Marattes qui le poursuivaient. — N° 135, f° 72.

12 mars 1753

Prestation de serment du sieur François-Germain Panchin en qualité de greffier en chef du Conseil supérieur de cette île. Signé : De Lozier Bouvet. — N° 136, f° 77.

23 août 1750

Lettres de provisions de premier conseiller au Conseil supérieur de l'île de France accordées par le roi à M. Mathias-Claude Gosse.

Enregistrées au greffe du Conseil supérieur, le 12 mars 1753. — Nº 137, fº 77.

M. Gosse a été admis le même jour au serment devant la Cour.

23 août 1750

Lettres de provisions de conseiller au Conseil supérieur de l'île de France accordées par le roi à M. Etienne-François Lejuge.

Même enregistrement que dessus. — Nº 138, fº 78.

M. Lejuge a été admis le même jour au serment devant la Cour.

23 août 1750

Lettres de provisions de conseiller, procureur général, au Conseil supérieur de l'île de France, accordées par le roi au sieur Barthélemy Dagan.

Enregistrées au greffe du Conseil supérieur de l'île de France, le 12 mars 1753. — Nº 139, fº 79.

Le sieur Dagan a été admis le même jour au serment devant la Cour.

9 avril 1753

Arrêt de règlement du Conseil supérieur, qui ordonne que l'article 35 de l'édit de décembre 1723 sera exécuté selon sa forme et teneur et à cet effet crée une taxe sur les esclaves. — Nº 140, fº 81.

Cet article porte que l'esclave condamné à mort sera estimé avant l'exécution et que le prix de l'estimation en sera payé, pour ce à quoi satisfaire il sera imposé par les Conseils, chacun dans leur ressort, sur chaque tête de noir, la somme portée par l'estimation, laquelle sera réglée sur chacun desdits noirs et levée par ceux qui seront commis à cet effet.

Le présent règlement astreint tout habitant généralement quelconque à donner dans quatre jours, à compter de celui de la fuite de leurs noirs, au conseiller, ou à défaut au capitaine commandant,

soit au port sud-est, Flacq, plaines de Wilhems, Moka, Pamplemousses et au port du nord-ouest, à M. Dagan, conseiller, procureur général, une déclaration précise et détaillée des noirs,
négresses, négrillons et négrites à eux appartenant et qui seront
en état de marronnage.

Ce règlement est motivé sur ce que chaque particulier de cette
île, éprouve un grand tort de l'inexécution de l'article précité, qui
n'a été rédigé que pour soulager l'habitant dans la perte qu'il fait
de son noir, maintenir l'ordre et la discipline auxquels les habitants devraient naturellement se porter pour contenir leurs noirs
et éviter leur fuite ; qu'il a été reconnu que cette inexécution pro-
venait de l'infidélité des déclarations de quelques habitants dans
leurs recensements et du peu d'exactitude de la dénonciation de la
fuite de leurs noirs ; qu'il en résulte, outre la perte que fait l'habitant, un abus qui provient de l'ignorance du nombre de noirs
qui sont marrons, qui empêche de prendre des mesures justes et
proportionnées pour en opérer la destruction et la punition, desquelles dépendent la sûreté, la tranquillité de l'habitant. Signé :
De Lozier Bouvet, Lejuge, Gosse, Mabille Savar.

29 octobre 1753

Nomination par la Compagnie des Indes du sieur Godeheu, et du
sieur chevalier Godeheu, frère, commandeur de l'ordre de Malte,
à l'effet de prendre en cas de mort du premier, le commandement
général de tous les établissements de la Compagnie des Indes, tant
sur la côte d'Afrique qu'au-delà du cap de Bonne-Espérance, et
présider à tous les Conseils tant supérieurs que provinciaux.

*Enregistrée au greffe du Conseil supérieur, le 38 mai 1754. —
N° 141, f° 119.*

29 octobre 1753

Provisions de commissaire du roi et de commandant général de
tous les établissements français à la côte d'Afrique et au-delà du
cap de Bonne-Espérance, accordées par Sa Majesté au sieur
Godeheu.

*Enregistrées au Conseil supérieur le 30 mai 1754. — N° 142,
f° 120.*

Arrêté du Conseil supérieur, qui ordonne que le règlement du 11 décembre 1752, relatif aux boulangers, sera exécuté selon sa forme et teneur, et défend à tout boulanger d'y contrevenir. Signé : De Lozier Bouvet, Lejuge, Savar, Sourlier d'Ausancourt, Collas, St-Janvier, Pain, Drouet. — N° 143, f° 126.

Cet arrêt est rendu sur un réquisitoire du procureur général du roi, par lequel il conclut à ce qu'un sieur Aubert, boulanger, soit condamné à payer 500 livres d'amende applicable au pain des pauvres de la paroisse, attendu que ce boulanger a délivré du pain du poids de dix-sept onces, au lieu de vingt-quatre onces qu'il doit peser, et d'un autre pain de quarante-deux onces au lieu de quarante-huit qu'il devait peser.

Sur la plainte du procureur général du roi, le sieur Aubert est appelé en la chambre du Conseil, où il est convenu de sa contravention d'après la pesée faite en sa présence du pain par lui délivré.

NOTA. Le réglement du 11 décembre 1752 ne se trouve point inscrit sur les registres de la Cour.

3 octobre 1754

Prestation de serment de sieur Michel Gamart de Courcelles en qualité de conseiller du roi au Conseil supérieur de l'île de France. Signé : De Lozier Bouvet et Gamart de Courcelles. — N° 144, f° 128.

3 octobre 1754

Prestation de serment du sieur Jean-André Desribes, en qualité de greffier en chef du Conseil supérieur de cette île. Signé : De Lozier Bouvet, Michel, Desribes. — N° 145, f° 128.

34 décembre 1754

Démission du sieur François-Germain Panchin de ses fonctions de notaire et nomination du sieur Desribes par le Conseil supérieur en remplacement du sieur Panchin. — N° 146, f° 135.

Le sieur Desribes a été admis le même jour au serment devant la Cour. Signé : De Lozier Bouvet, Lejuge, Gamart de Courcelles.

8 décembre 1754

Lettres de provisions de conseiller du roi au Conseil supérieur de l'île de France, accordées par Sa Majesté à M. Jean-Baptiste Bourceret.

Enregistrées au greffe du Conseil supérieur de cette île, le 23 août 1755. — N° 147, f° 149.

12 janvier 1755

Lettres de provisions de conseiller du roi au Conseil supérieur de l'île de France, accordées par Sa Majesté à M. Michel Gamart de Courcelles.

Enregistrées le 28 Août 1755. — N° 148, f° 149.

21 mai 1755

Provisions de commandant général des îles de France et de Bourbon, et de président des Conseils supérieurs y établis, accordées par le roi à M. René Magon, subordonnément au sieur Godeheu, commissaire du roi et de la Compagnie, et à son défaut pour cause de décès, du commandeur Godeheu, son successeur dans le commissariat.

Enregistrées au greffe du Conseil supérieur de l'île de France, le 5 janvier 1756. — N° 149, f° 158.

22 janvier 1756

Prestation de serment du sieur Charles Olivier, chirurgien-major des hôpitaux établis à l'île de France, de fidèlement exercer les fonctions de son office, en tout ce qui dépend des visites et rapports qui seront ordonnées en justice. Signé : Magon, Olivier, Desribes. — N° 150, f° 163.

22 janvier 1756

Prestation de serment des sieurs François Roumier et Antoine Crespi, en qualité d'huissiers au Conseil supérieur de cette île. Signé : Magon, Roumier, Crespy, Desribes. — N° 151, f° 163.

10 février 1756

Prestation de serment du sieur Nicolas-François Boulard de Candos, en qualité de conseiller au Conseil supérieur de l'île de France. Signé : Magon, de Candos, Desribes. — N° 152, f° 168.

14 février 1756

Arrêt du Conseil supérieur qui ordonne qu'il sera fait un prototype ou étalon, relatif à la mesure de Paris, de chaque espèce de mesures dont on se sert en cette île pour le débit et le détail des marchandises d'Europe et de l'Inde, comme aunes, poids et mesures rondes; que ces prototypes ou étalons seront mis et déposés au greffe du Conseil pour y être conservés et y avoir recours toutes les fois et quand besoin sera, pour être sur iceux faits les essais et étalonages de toutes les mesures, poids et balances dont seraient obligés de se servir les gardes-magasins, boutiquiers, cantiniers et gens détaillants en cette île. — N° 153, f° 169.

Cet arrêt est rendu sur les observations faites à la Cour par M. Magon, commandant général et président du Conseil, qu'il est nécessaire de remédier aux abus qui se sont introduits dans les poids et mesures irréguliers dont se servent les débitants, particuliers et boutiquiers de cette île, même les cantiniers; que cet abus cause une perte réelle à ceux qui achètent; qu'il croit devoir demander, sur les plaintes qui lui ont été faites, qu'il soit pourvu aux moyens d'arrêter ce désordre qui blesse autant les ordonnances du roi que la justice et la discipline.

12 avril 1756

Règlement du Conseil supérieur ayant pour objet l'exécution de l'article 35 de l'édit du mois décembre 1723, concernant les esclaves des îles de Bourbon et de France. Signé : Magon, Grosse, Lejuge, Gamart de Courcelles, de Candos et Bourceret Nevreau. — N° 154, f° 179.

Cet article porte que l'esclave condamné à mort sera estimé avant l'exécution et le prix d'estimation payé au propriétaire au moyen d'une imposition que les Conseils, chacun dans leur ressort, lèveront sur chaque tête de noir.

NOTA— Le présent règlement est le même que celui du 9 avril 1753 dont la publication est renouvelée.

12 avril 1756

Règlement du Conseil supérieur qui ordonne à tous propriétaires d'emplacements de justifier de leurs titres de propriété avant de faire bâtir sur les terrains dont ils se prétendent propriétaires. — N° 155, f° 181.

Ce règlement, adopté par suite d'un réquisitoire du procureur général, porte, entre autres dispositions concernant la validité des titres de propriété, qu'à défaut de tels titres, la réunion au domaine des terrains reconnus sans propriétaires légitimes, sera prononcée, que ceux qui bâtiront à l'avenir, à compter de la date du présent arrêt, ne pourront bâtir qu'en bois ou en pierres, et ne couvrir leurs bâtiments qu'en planches, argamasses ou bardeaux ; défense est faite de couvrir en herbes, chaumes, pailles et autres matières combustibles capables de causer des incendies ; il est ordonné que pour l'alignement des rues adopté par la Compagnie, conformément au plan du sieur . . . ., aucune personne ne pourra anticiper sur les rues marquées sur ledit plan ; défense est aussi faite de bâtir sur aucun terrain qui n'aurait point été concédé, sans en avoir obtenu la permission.

6 mai 1756

Arrêt de règlement du Conseil supérieur qui ordonne que, conformément à l'article 14 du règlement du roi, du 17 avril 1725, les réparations qui sont à faire au chemin chemin qui conduit de Flacq à la Savane, jusqu'au pont de la rivière du Rempart, seront faites, et les herbes cerclées dans les mois de novembre et décembre de la présente année par les habitants de Flacq, à l'effet de quoi ils emploieront ainsi qu'aux réparations, les deux journées de corvées par tête de noir, qu'ils doivent pour les réparations des chemins conformément à tous recensements, etc. Signé : Magon, Lejuge, Gosse, de Candos, Bourceret Nevreau, Rossaq de Loudière. — N° 156, f° 187.

NOTA. Le règlement du 17 avril 1725 ne se trouve pont transcrit sur les registres du greffe.

11 mai 1756

Arrêt du Conseil supérieur qui ordonne que la déclaration du roi du 23 mars 1728, concernant le port des armes, sera exécutée selon sa forme et teneur, en conséquence le Conseil fait très-expresses inhibitions et défenses à tout individu, de quelque qualité et condition qu'il soit, de porter l'épée, s'il n'est gentilhomme, employé, capitaine, lieutenant, enseigne, sergent, tambour-major, fifre, hautbois, caporal en exercice, capitaine, officier de vaisseau, commandant ou ayant commandé par le passé en qualité d'officier dans les troupes du roi ou de la Compagnie ou s'il n'a permission par écrit du commandant, le Conseil fait pareilles inhibitions et défenses tant aux ci-dessus désignés qu'à toutes personnes de quelques conditions et qualités qu'elles soient, de porter aucune arme à feu, bâtons ferrés ou creux dans lesquels seraient cachés des lances ou autres instruments de fer ou offensifs, sous quelque prétexte ou raison que ce puisse être, sans une permission spéciale et par écrit du commandant, dans laquelle sera désignée l'arme dont il sera permis de se servir, à l'exception seulement des soldats ou autres qui seront commandés en détachements à la poursuite des noirs marrons. Signé : Magon, Lejuge, C. Gosse, Gamart de Courcelles, Bourceret Nevreau, de Candos, Rossaq de Londière. — N° 157, f° 189.

REGISTRE N° 9

31 janvier 1757

Arrêt de règlement du Conseil supérieur qui fixe pour le temps présent, et sans en tirer à conséquence, le prix du savon à 30 sous la livre, attendu les circonstances et la disette. Défense est faite à toute personne de vendre ou d'acheter de cet objet à plus haut prix, à peine de confiscation et de 100 livres d'amende. Signé Magon, Lejuge, C. Gosse, de Candos, Gamart de Courcelles, Bourceret Nevreau. — N° 158, f° 39.

Le présent arrêt est rendu sur un réquisitoire du procureur général, expositif des circonstances qui rendent nécessaire la réduction du prix du savon, devenu excessif.

14 mars 1756

Commission par laquelle Sa Majesté le roi de France commet et établit le sieur Joseph Guérin de Trémincourt, chevalier de l'ordre royal et militaire de Saint-Louis, ayant rang de capitaine au régiment de Provence, et de lieutenant-colonel, au grade de major-général des troupes d'infanterie entretenues par la Compagnie à l'île de France pour, en cette qualité, y commander sous les ordres du commandant général des îles de France et de Bourbon, et président du Conseil supérieur de ladite île, aux capitaines, lieutenants, sous-lieutenants et autres officiers et soldats qui y seront en garnison.

Enregistrée au greffe du Conseil supérieur de l'île de France, le 7 avril 1755. — N° 159, f° 55.

7 avril 1757

Nomination par le Conseil supérieur des sieurs Etienne Colas et Vincent-Marin Haudoyer de Pelitval, le premier pour exercer les fonctions de notaire au Conseil supérieur de cette île, aux lieu et place de M. Bourlier, démissionnaire ; et le second pour remplir les fonctions de secrétaire du Conseil, en remplacement de M. Pitois, démissionnaire. Signé : Magon, C. Gosse, Lejuge, de Candos, Gamart de Candos, Gamart de Courcelles, Bourceret Nevreau. — N° 160, f° 56.

7 avril 1757

Tarif des droits que le Conseil supérieur de l'île de France a fixés et qui doivent être perçus par le greffier en chef, les notaires, les huissiers du Conseil, et les gardiens établis par justice. — N° 161, f° 56.

AU GREFFIER

Pour chaque requête, 36 sous ; pour minute et expédition d'avis de parents, 30 sous ; pour procès-verbal de mise d'enchère, publication d'enchères, de biens-immeubles des particuliers qui demanderont la permission de les faire faire, à l'effet de parvenir soit à leur vente, soit au bail judiciaire et jugement d'adjudication, 10 livres ; les procédures de cette nature qui se feront d'autorité de la Cour, les parties ne le requérant pas, seront gratuites.

Pour procès-verbal de descentes d'experts, avec greffier, acte de mise en possession des immeubles adjugés à titre de vente ou à titre de bail judiciaire. Pour chaque vacation au port, limité par la Grande-Rivière d'un côté, et par celle des Lataniers de l'autre, 40 sous; et hors de ces limites pour chaque vacation, 5 livres; celles ordonnées par autorité de la Cour, sans la réquisition des parties, gratis.

Pour ventes de biens-mobiliers autres que les noirs, sera et et demeurera attribué au greffier quatre pour cent du produit de ladite vente, et il répondra du prix des ventes, et sera chargé, sans répétition des frais du crieur, du tambour et des affiches et annonces; et pour ventes de noirs, lui demeurera attribué deux et demi pour cent seulement du produit de leurs ventes aux mêmes charges imposées par l'article ci-dessus.

Pour chaque procès-verbal d'affirmation, insinuation et enregistrement de donations, soit entre vifs ou testamentaires, actes de renonciation, clôtures d'inventaires et autres actes du greffe, sera taxé 20 sous pour minutes et 20 sous pour chaque expédition. Pour chaque vacation d'inventaire, comptes, liquidation, partages et autres actes avec commissaires *ad hoc*, en dedans des limites, 40 sous; et hors des limites, 5 livres pour la première vacation et 3 livres pour chacune des suivantes.

Pour chaque rôle d'expédition de tous actes du greffier dans lesquels la Compagnie ne sera point partie, sera taxé, 12 sous. Ceux qui contiendront moins du rôle, seront censés contenir le rôle. Ceux où la Compagnie sera intéressée, seront délivrés gratis. Tous jugements et leurs expéditions seront gratis.

AUX NOTAIRES

Pour chaque minute de contrat de vente, échange, et autres actes translatifs de propriété d'immeubles, au-dessous de 3,000 livres, sera payée 5 livres.

De 3,000 livres et au-dessus, à quelque somme qu'ils puissent monter, 10 livres; pour chaque bail, la moitié des droits ci-dessus.

Pour chaque procuration simple, brevet d'obligation, alloués, quittances et autres actes d'objets modique sera payé 25 sous. Pour contrats de mariage sera payé 5 livres, pour minutes, et 5 livres pour expédition.

Pour contrats de société, transactions, partages, liquidations, comptes de communauté, de tutelle, le Conseil se réserve de les taxer si le cas y écheoit.

Pour les inventaires, mêmes droits qu'au greffier et sous la même distinction pour les limites.

Pour chaque rôle d'expédition, mêmes droits qu'au greffier.

AUX HUISSIERS

Pour chaque exploit, signification et autres actes de leur ministère de partie à partie, original et copie au port, sera taxé 50 sous; et hors du port leur est taxé en outre 25 sous pour la première lieue et 20 sous pour chaque autre lieue. Pour chaque rôle de copie des pièces signifiées, 10 sous. Pour chaque vacation de prisée au port, 25 sous; et hors du port, 45 sous. Pour chaque vente de meubles et effets mobiliers faites par le greffier de la Cour, leur est attribué 20 sous par vacation de celles de 100 livres et au-dessus.

Aux gardiens des scellés, biens inventoriés ou saisis, lorsqu'ils seront établis par autorité de justice, leur est taxé par chaque vingt-quatre heures de garde, 3 livres, sans qu'ils puissent prétendre à d'autres droits sous prétexte de nourriture ou autrement.

Pour actes concernant la Compagnie, et où elle est partie principale soit activement ou passivement, faits soit par le ministère du greffier, soit par celui des notaires ou des huissiers, seront gratis ainsi que tous procès et instances soit criminels ou militaires. Ne pourront les greffiers, notaires, huissiers et gardiens prendre autres et plus grands droits que ceux expliqués au présent tarif; le Conseil déclarant exemptes de droits et gratuites toutes procédures et actes non compris au présent tarif, etc. Signé : Magon, C. Gosse, Lejuge, de Candos, Gamart de Courcelles, Bourceret Nevreau.

26 mai 1757

Arrêt du Conseil supérieur qui fixe le prix des esclaves justiciés, ceux tués dans le bois, par les détachements ou toutes autres personnes qui les auront reconnus pour marrons et les esclaves condamnés à la chaîne à perpétuité. Signé : Magon, C. Gosse, Lejuge, de Candos, Gamart de Courcelles, Bourceret Nevreau. — N° 162, f° 64.

Le présent arrêt est pris par suite d'un réquisitoire du procureur général, contenant les motifs qui rendent trop difficile l'exécution de l'article 35 de l'édit du mois de décembre 1723. Ce réquisitoire porte que pour parvenir à faire exécuter l'article 35 précité on a été obligé d'établir une commune en cette île et de faire un règlement au mois d'avril 1756 pour la régie de cette même commune ; que par l'article 2 de ce règlement , il dit que la commune des habitants rembourserait les noirs justiciés, ceux tués dans le bois par les détachements ou toutes autres personnes qui les auront reconnus pour marrons , et ceux qui seront condamnés à la chaîne à perpétuité ; que par l'article 3, il est dit que l'estimation des esclaves à payer au propriétaire par la commune , sera faite par deux principaux habitants qui seront nommés d'office par le Conseil. Mais qu'il est nécessaire de donner à cette disposition une explication qui en rende l'exécution possible, étant difficile, à chaque fois qu'un noir est tué dans le bois, d'assembler le Conseil pour nommer des habitants capables de faire l'estimation du noir tué ; qu'il est presque impossible que ces habitants quittent journellement leurs travaux pour aller à six ou dix lieues dans le bois , quelquefois même dans des lieux presque inaccessibles, par des routes impraticables et par des temps qui ne permettent à personne de sortir , pour faire une pareille estimation ; que de plus, les détachements qui suivent les noirs marrons et qui , chemin faisant , sont dans le cas d'en tuer, ne sont pas toujours à portée de revenir dans l'instant faire leur déclaration ; qu'obligés de suivre un corps assemblé de marrons , ils restent quelquefois huit ou dix jours en route ; qu'alors un corps tué dans les premiers jours de leur course, devenu infect par la pourriture , décharné par les insectes et les animaux voraces, n'est plus dans le cas de recevoir une estimation ; à ces causes , le procureur général propose à la Cour , pour éviter ces embarras principaux qui seraient suivis d'une infinité d'autres non moins susceptibles d'inquiétudes , de régler, par la quantité de leur caste , le prix des noirs justiciés , tués dans le bois , ou confisqués , et d'ordonner la répartition sur la commune , sur le pied du prix que la Cour aura fixé , afin qu'à l'avenir ce soit une règle stable et inaltérable contre laquelle personne ne puisse revenir.

La Cour a ordonné que l'imposition du prix des noirs justiciés, tués dans le bois ou condamnés à la chaîne à perpétuité, sera faite sur chaque tête de noir au marc la livre, non sur l'estimation des principaux habitants, mais sur le prix que la Cour fixa par le présent règlement , savoir : pour le noir guiné, pièce d'Inde, la somme de 600 livres ; pour la négresse de même caste, avec ou sans enfant à la mamelle, pareille somme de 600 livres ; pour négrillon ou négrite capores , c'est à dire de sept à quatorze ans, la somme de 300 livres ; pour négrillon ou négrite hors de la mamelle, jusqu'à sept ans, le tout de même caste guinée, la somme de 150 livres ; pour noir de caste mozambique , pièce d'Inde , et pour négresse de même caste , avec ou sans enfant à la mamelle, la somme de 450 livres ; pour négrillon ou négritte capores, de même caste , la somme de 225 livres ; pour négrillon ou négritte hors de la mamelle , jusqu'à sept ans , la somme de 112 livres 10 sous ; pour noir ou négresse noirs avec ou sans enfant à la mamelle , soit de caste indienne , soit de caste malgache, la somme de 300 livres ; pour négrillon ou négrite capores , de l'une ou de l'autre caste, la somme de 150 livres ; et pour négrillon ou négrite , hors de la mamelle jusqu'à sept ans , aussi soit de l'une ou de l'autre caste , la somme de 75 livres.

17 août 1757

Règlement du Conseil supérieur relatif aux espèces ou matières d'or et d'argent dépendant des successions des personnes décédées à bord des vaisseaux qui mouillent en cette île et qui ne laissent aucun héritier présent. — N° 163 , f° 72.

Le Conseil ordonne que toutes espèces d'or et d'argent monnoyés sans aucune distinction, frappées soit en Europe soit dans les Indes et portant l'empreinte d'une couronne, d'une puissance ou d'un état quel qu'il soit, seront remises en nature à la caisse de la Compagnie de cette île, au compte des successions à qui elles appartiennent, et que toutes autres matières d'or ou d'argent non monnoyé, meubles et bijoux d'or ou d'argent non monnoyé, meubles et bijoux d'or ou d'argent, seront vendus à l'encan et adjugés par le greffier au plus offrant et dernier enchérisseur en la manière accoutumée. Et pour la liquidation des successions qui doivent être liquidées en cette île ou dont les fonds y doivent être remis soit aux héritiers ou créanciers, lesdites monnaies y seront portées aux prix fixés par le tarif de la Compagnie. Signé : Magon , Gosse, Lejuge, de Candos , Gamart de Courcelles, Bourceret Fevreau.

31 décembre 1756

Provisions de commissaire du roi et de commandant général de tous les établissements français aux Indes orientales, accordées à M. de Lally. — N° 164 , f° 88.

Un brevet de dispense du serment que doit prêter M. de Lally , en date du 1er février 1757, et une lettre du roi à ce dernier du 23 janvier 1757, contenant les instructions de Sa Majesté, le tout enregistré au greffe dn Conseil supérieur de l'île de France, le 19 décembre 1757, sont également transcrits au registre.

23 janvier 1757

Provisions de conseiller accordées par Sa Majesté à M. Clauët, avec entrée, séance et voix délibérative dans tous les Conseils supérieurs et provinciaux établis tant aux îles de France et de Bourbon qu'à Pondichéry et autres comptoirs des Indes.

29 avril 1758

Arrêté de règlement du Conseil supérieur relatif à la répartition du produit des prises faites en mer. — N° 466, f° 100.

Ce règlement porte que pour le présent et l'avenir des huit pour cent de frais de garde et magasinage, le président et les conseillers du Conseil supérieur auront les deux tiers, que le capitaine et les officiers du port auront un sixième, et les gardes-magasins le dernier sixième. Alloué aux greffiers, employés au greffe et huissiers pour tous droits de vente et autres auxquels ils pourraient prétendre en vertu du règlement du Conseil du 7 avril 1757, la totalité des deux pour cent prélevés dour les frais de justice, en faisant la subdivision de ces différentes portions ; ordonne que dans les deux tiers des huit pour cent à répartir entre le président et les conseillers, le président gouverneur ou commandant général aura le tiers, que les deux autres tiers seront partagés en autant de parts, et une part de plus qu'il se trouvera de conseillers présents, que le premier conseiller aura deux parts et chacun des autres conseillers une part ; que le sixième dans les huit pour cent alloués aux gardes-magasins sera distribué en onze parts égales dont le garde-magasin général aura trois parts, le garde-magasin des vivres, celui des marchandises d'Europe, celui des marchandises de l'Inde, et celui des effets de marine, chacun deux parts ; et que les deux pour cent prélevés pour frais de justice, alloués aux greffiers, employés au greffe et huissiers', seront distribués en cinq parts égales, dont le greffier en chef aura trois parts, le greffier en second aura une part, et la cinquième et dernière part sera répartie entre les employés du greffe et les huissiers du Conseil entre eux également. Signé : Magon, Gosse, Lejuge, de Candos et Bourceret Nevreau.

Arrêt et règlement du Conseil supérieur qui renouvelle les défenses portées par la déclaration du roi , en date du 23 mars 1728 , et par le règlement du Conseil supérieur du 11 mai 1756 , concernant le port d'armes. — N° 167, f° 112.

La Cour fait expresses inhibitions et défenses à toutes personnes de quelque qualité ou condition qu'elles soient , de courir les rues la nuit , de figurer sous des vêtements qui ne sont point de leur état, comme chemises et caleçons bleus ou autres, avec épées, cannes, armes à feu , bâtons ferrés ou creux , soit de jour, soit de nuit , pour quelque raison que ce puisse être , sans une permission écrite du commandant ou du Conseil, portant le sujet pour lequel elle sera délivrée ; ordonne qu'il sera fait des détachements, patrouilles et rondes de jour et de nuit , pour maintenir l'exécution du présent règlement , et enjoint aux officiers de troupes , de patrouilles et de rondes , aux officiers de bourgeoisie , aux commandants des quartiers , à ceux des patrouilles et de détachements, même aux syndics, chacun dans leur quartier, de veiller à ce que nul ne contrevienne aux règlements ; ordonne aux sergents, caporaux, aux géns préposés pour maintenir la police , de désarmer de jour tous ceux qui , sans droit contre la disposition du présent règlement , porteront épées, bâtons ferrés ou creux , armes défensives ou offensives , et aux patrouilles, gens de bivac , de les arrêter et conduire au corps-de-garde , sans exception de personne , en cas qu'ils soient trouvés de nuit déguisés ou armés , pour y rester ou être constitués prisonniers suivant qu'il aura été ordonné à l'ordre ou consigne , à peine contre les sergents, caporaux, gens de bivac et de patrouille , d'être punis suivant la rigueur des ordonnances. Signé : Magon , Gosse , Lejuge , Gamard de Courcelles , de Candos et Bourceret Nevreau.

Cet arrêt est rendu sur un réquisitoire du procureur général , expositif que les différents accidents qui arrivent , les crimes qui se commettent de nuit avec port d'armes , viennent de la licence qui s'introduit parmi nombre de gens dont la conduite n'est point assez surveillée, quoique pour la plupart inconnus ; de l'inexécution de la déclaration du roi du 23 mars 1728 ; du peu d'égard que l'on a pour les règlements du Conseil , et de ce que l'ordonnance du 11 mai 1756 n'est point suivie ; que ces raisons l'obligent de représenter à la Cour que , si une fois les lois tombent en discrédit, l'ordre public sera troublé ; la sûreté du citoyen s'anéantissant, le trouble et le désordre mettront le sceau aux dérèglements qui ne s'élèvent déjà que trop ; par ces considérations il croit devoir proposer à la Cour de renouveler les défenses faites par le règlement du 11 mai 1756, et de chercher les moyens les plus simples et les plus convenables pour qu'elles aient leur exécution après les avoir rendues publiques.

8 décembre 1757

Provisions accordées par Sa Majesté au sieur Nicolas Boulard de Candos pour l'office de conseiller du roi au Conseil supérieur de l'île de France.

Enregistrées au greffe du Conseil supérieur de l'île de France, le 11 septembre 1758. — N° 168, f°

12 octobre 1758

Arrêt du Conseil supérieur qui déclare que la Compagnie des Indes est propriétaire incommutable et seigneur du canal qui réunit les eaux du ruisseau des Callebasses à celui des Pamplemousses, ensemble les bords d'icelui et de six pieds de part et d'autre du canal et de tout le long d'icelui. Le canal prenant les eaux de la rivière des Callebasses et ensuite, par jonction, celles de la rivière des Pamplemousses, et conduisant au moulin à poudre de guerre ; en conséquence, et faisant droit à la requête du sieur Cossigny, la Cour fait très-expresses inhibitions et défenses à tous habitants et autres particuliers de détourner les eaux dudit canal, par aucune saignée, rigoles, canaux, barrages, ou par aucun autre cours ou empêchement de quelque manière et sous tel prétexte que ce soit, sous les peines de droit ; permet aux habitants sur les terrains desquels passe ledit canal, d'y puiser seulement les eaux nécessaires à leur usage ; leur réserve et au sieur de Frémicourt leurs droits et actions pour dédommagements de leur terrain employé au canal. Signé : Magon, Gosse, Lejuge, de Candos, Bourceret Nevreau. — N° 169, f° 134.

Cet arrêt est rendu sur une requête de M. de Cossigny, chevalier de l'ordre royal et militaire de Saint-Louis au corps royal, expositive qu'ayant depuis peu changé totalement la manière de fabriquer la poudre de guerre, il a reconnu que pour plus grande perfection et augmenter en même temps le produit du moulin à poudre situé à la baie des Tortues, il était nécessaire, et même indispensable, d'y ajouter une seconde machine qui pulvérisât séparément les matières qui entrent dans la composition de la poudre, mais que deux machines ensemble exigent un volume d'eau plus considérable. Ce volume ne peut s'obtenir que par la jonction de partie des eaux du ruisseau des Callebasses à celui des Pamplemousses, au moyen du canal qui vient d'être fait ; qu'il est de l'intérêt de la Compagnie que le Conseil supérieur rende en conséquence un arrêt par lequel il sera défendu à tous habitants, sous quelque prétexte que ce puisse être, d'arrêter ou suspendre le cours des eaux dudit canal, d'en tirer aucune rigole ou saignée, etc., etc.

12 février 1759

Nomination par le Conseil supérieur de M. Gamart de Courcelles, à l'effet de faire arrêter les recensements généraux et diriger les affaires de la commune des habitants, et en général d'être chargé de la régie du domaine de la Compagnie, à cause de la seigneurie de cette île. Signé : Magon, Gosse, Lejuge et Gamart de Courcelles. — N° 170, f° 153.

12 février 1759

Nomination par le Conseil supérieur de M. Boulard de Candos, à l'effet d'exercer par intérim les fonctions de la charge de procureur général du roi au Conseil supérieur de cette île, jusqu'à ce que Sa Majesté ait pourvu à cette charge. Signé : Magon, C. Gosse, Lejuge, Gamart de Courcelles. — N° 171, f° 153.

1er mars 1759

Arrêté de règlement du Conseil supérieur qui fait très-expresses inhibitions et défenses à tous esclaves appartenant à divers maîtres de s'attrouper le jour ou la nuit, sous prétexte de noces ou danses chez leurs maîtres ou ailleurs, à peine de punition corporelle qui ne pourra être moindre que du fouet ou de la fleur de lys, et en cas de récidive et d'autres circonstances aggravantes, d'être punis de mort. — N° 172, f° 154.

Enjoint à tous habitants, bourgeois et autres d'arrêter lesdits noirs et nègresses et de les conduire en prison on au bloc. Défense est pareillement faite aux maîtres, soit habitants ou autres, de quelque état ou condition qu'ils soint, de souffrir chez eux aucune assemblée d'esclaves autres que ceux à eux appartenant, à peine contre les contrevenants de répondre, en leur propre et privé nom, et de réparer tout le dommage qui pourra être fait à l'occasion desdites assemblées, et d'être en outre condamnés à 100 livres d'amende pour la première fois et au double en cas de récidive. Signé : Magon, C. Gosse, Lejuge, Gamart de Courcelles, Bourceret Nevreau.

Cet arrêt est rendu sur un réquisitoire du procureur général du roi qui expose à la Cour qu'il se fait fréquemment des assemblées de noirs et de négresses sous prétexte de danses et de bals ; que même des blancs se trouvent à ces assemblées ; qu'il en résulte des disputes et des querelles, même des insultes à quelques personnes qui ont refusé d'envoyer leurs négresses à ces assemblées. Comme cette pratique est opposée aux bonnes mœurs, blesse l'ordre et la police de cette colonie, et est contraire aux articles 13 et 14 du code noir, toutes ces raisons obligent le procureur général de représenter à la Cour que conformément à l'article 13 du code noir il soit fait défense, etc., etc.

31 mars 1759

Arrêt de règlement du Conseil supérieur qui fait défense à tous particuliers, de quelque condition qu'ils soient, de vendre ni de faire vendre et débiter par pots ou bouteilles, ou autres mesures, soit pour transporter dehors soit pour être bus dans les maisons ; aucun vin, eau-de-vie, arack, et autres boissons et liqueurs fortes, de quelque nature, sous quelque dénomination et de quelque crû que puissent être lesdites boissons et liqueurs, à peine de confiscation des vins, eaux-de-vie, boissons et autres liqueurs, et de 300 livres d'amende pour chaque contravention contre ceux qui vendront lesdits vins et autres liqueurs, pour la première fois, et, en cas de cidive, résous peine de 1,000 livres d'amende contre les coutrevenants, même de prison s'il y écheoit, quelque qualité ou raison que puissent alléguer lesdits contrevenants, moitié desquelles amendes sera applicable aux pauvres de cette île, et remise à cet effet aux pauvres de la paroisse Saint-Louis, et l'autre moitié, applicable au dénonciateur : ordonne que les cantines de la campagne seront et demeureront fermées jusqu'à nouvel ordre : enjoint aux cantiniers de se rendre dorénavant au magasin de la Compagnie, pour y faire la distribution. Signé : Magon, C. Gosse. Gamart de Courcelles, Lejuge et Bourceret Nevreau. — N° 173, f° 182.

Cet arrêt est rendu sur un réquisitoire du procureur général du roi qui fait connaître que le débit qui se fait par la plupart des marchands particuliers de cette île, et aux cantines de la Compagnie, des liqueurs fortes, comme vin, eau-de-vie, arack et autres, occasionnent une consommation d'autant plus nécessaire à prévenir qu'outre les abus et les accidents qui suivent l'ivresse ; il est à craindre que les esclaves qui sont en armement ne manquent pour leur approvisionnement desdites liqueurs en cette île ; et que la guerre rendant l'apport de ces liqueurs de France en cette île long et douteux, il estime qu'il est de la prudence du Conseil de prévenir, autant qu'il est en lui, la consommation trop grande de ces liqueurs par un règlement qui prescrive des peines contre ceux qui occasionnent cette consommation.

17 mai 1759

Arrêt de règlement du Conseil supérieur qui défend à toutes personnes, de quelque qualité et condition qu'elles soient, de prêter ni de faire credit d'aucune somme aux matelots, soldats et ouvriers attachés à la Compagnie, sur leurs décomptes, prêts, gages et ordonnances ; ordonne qu'à compter de ce jour il ne pourra être reçu ni présenté aucune requête à cette fin. Signé : Magon, C. Gosse, Lejuge, Clouët, Gamart de Courcelles, Bourceret Nerreau. — N° 174, f° 162.

Ce règlement est adopté par suite d'un réquisitoire du procureur général expositif qu'en contravention aux ordres du roi, aux règlements de la Compagnie et du Conseil, il se trouve différents particuliers en cette ile qui donnent à boire aux matelots, soldats et ouvriers de la Compagnie, ou leur vendent des marchandises à crédit et à des prix exhorbitants : qu'ils leur prêtent aussi de l'argent à gros intérêts, et qu'ils se font faire par lesdits matelots, soldats et ouvriers des billets en y stipulant que c'est pour pensions alimentaires, quoique tous lesdits matelots, soldats et ouvriers soient nourris et que leurs vivres leur soient fournis par la Compagnie ; qu'en outre ils arrêtent le paiement de leurs ordonnances et prêts ; que même ils délèguent leurs gages, ce qui est aussi contre la disposition des règlements de la Compagnie, et qu'il en résulte des abus qu'il est de son devoir de prévenir, etc.

Lettre des syndics et directeurs de la Compagnie des Indes au Conseil supérieur de l'île de France, relative à la demande faite par M. de Cossigny de repasser en France, attendu l'expiration de son engagement avec la Compagnie.

Enregistrée au greffe du Conseil supérieur de l'île de France, le 15 juin 1759. — N° 175, f° 163.

Cette lettre porte que la Compagnie a reçu une lettre de M. de Cossigny, en date du 21 février dernier, exposant, *entre autres choses*, que le 2 juillet alors prochain sera le terme final de son engagement avec la Compagnie, et qu'il espère qu'elle voudra bien agréer qu'il se retire, s'il trouve occasion de repasser en France avec quelque sûreté, après avoir rempli, comme il a fait, sa mission dans l'île de France ; que cette demande, fondée sur un engagement authentique, ne peut être refusée à M. de Cossigny ; qu'en conséquence la Compagnie lui répond qu'il est le maître de revenir en France quand il lui plaira ; que le navire sur lequel M. de Cossigny désirera s'embarquer sera laissé à son choix ; il sera recommandé au capitaine de ce navire d'avoir toutes sortes d'égards et d'attentions pour la personne de M. de Cossigny. La Compagnie est satisfaite de ses services et désire qu'il le soit également. Pour cet effet, le traîtement dont il a joui lui sera continué pendant les deux dernières années jusqu'à la réception de la présente, laquelle réception sera constatée par l'enregistrement de cette lettre au greffe. Cependant, afin que cette affaire soit mise en règle, M. de Cossigny sera prié d'arrêter son compte sur ce pied, et, en cas de refus, les intentions de la Compagnie lui seront notifiées par une lettre missive à laquelle il lui sera demandé réponse, et en cas de refus, il lui sera fait une notification juridique, en observant les ménagements convenables.

La présente lettre porte, en outre, qu'on ne peut mieux faire après le départ de M. de Cossigny, que de suivre ses plans pour les travaux qui ne seront alors que commencés ; le plus mauvais parti de tous est celui de faire et de défaire, surtout en fait de bâtiments et de fortifications ; en user autrement, c'est faire beaucoup de dépenses au bout desquelles on se trouve n'avoir rien avancé ; on l'a éprouvé plus d'une fois à l'île de France même, et il faut s'en corriger une fois pour toutes. La Compagnie l'enjoint au Conseil de la manière la plus expresse. Signé : Gelly, Michel, Cloesset, Godhar, David, Casaubon, Saintard. Il existe un huitième nom qui est illisible.

23 juin 1759

Nomination par le Conseil supérieur du frère Aufer, religieux augustin, en qualité d'aumonier, à l'effet de desservir la chapelle du

*Conseil supérieur, vacante par l'interdit du frère Ed. Both.
Signé : Magon, C. Gosse, Lejuge, Mondion, Gamart de Courcelles,
Clouët, de Candos, Bourceret Nevreou. — N° 176, f° 169.*

5 mars 1759

Provisions de l'office de conseiller au Conseil supérieur de l'île
de France accordées par le roi à M. Jean-François Anthoine.

*Enregistrées au greffe du Conseil supérieur de l'île de France,
le 9 juillet même année. — N° 177, f° 168.*

13 juillet 1759

*Nomination par le Conseil supérieur de M. Jean-François An-
thoine, à l'effet d'exercer les fonctions de procureur général au
Conseil supérieur de l'île de France. Signé : Magon, Desforges
Boucher, C. Gosse, Anthoine, Lejuge, de Candos, Clouët, Gamart
de Courcelles et Bourceret Nevreau. — N° 178, f° 169.*

23 janvier 1759

Nomination par Sa Majesté de M. Desforges Boucher, en qualité
de gouverneur particulier des îles de France, Sainte-Marie,
Rodrigues, et autres petites îles dépendant de ce gouvernement.

*Enregistrée au greffe du Conseil supérieur de l'île de France, le
8 novembre 1759. — N° 179, f° 187.*

M. Desforges Boucher a prêté serment devant le Conseil supérieur, en vertu d'une commission rogatoire adressée au premier
conseiller du Conseil supérieur de l'île de France.

13 octobre 1759

Arrêt du Conseil d'Etat qui casse et annulle le règlement fait
par le Conseil supérieur de l'île de France, le 29 avril 1758, concernant les prises qui pourraient être faites aux Indes orientales
par les vaisseaux de Sa Majesté et ceux de la Compagnie.

*Enregistré au greffe du Conseil supérieur de l'île de France, le 15
juin 1760. — N° 180, f° 209.*

Le règlement du Conseil supérieur aurait, sous une fausse interprétation de l'article 19 de l'ordonnance royale du 20 décembre, arrêté que, sur le produit des prises qui avaient été ou qui pourraient être faites pendant la présente guerre aux Indes orientales par les vaisseaux du roi et ceux de la Compagnie des Indes, serait fait déduction des huit pour cent pour frais de garde et de magasinage, dont la répartition serait faite entre les commandants, conseillers et autres employés, et de deux cents pour cent de frais de justice qui seraient pareillement répartis entre le greffier et les employés du greffe.

10 novembre 1760

Arrêt de règlement du Conseil supérieur, contenant le tarif des vacations, frais de justice, frais de garde et de gens de journées, concernant les prises qui seront amenées à l'île de France. — N° 181, f° 219.

Chacune des vacations du conseiller commissaire est fixée à 10 livres; celle du procureur général à pareille somme de 10 livres; celle de l'huissier, 2 livres 10 sous; chaque audition de témoins, au commissaire, 10 livres; au greffier, 6 livres; chaque réquisitoire ou conclusion du procureur général du roi, 10 livres; acte de dépôt des pièces de la prise, et chaque autre acte relatif aux prises, au greffier, 6 livres; minute des arrêts, néant; expédition de chaque arrêt, 3 livres 12 sous; chaque état de liquidation double, au commissaire, 36 livres; au greffier, 21 livres; pour chaque rôle d'expédition, 2 livres; chaque procès-verbal d'affiches pour vente, à l'huissier, 15 livres; pour chaque copie, 5 livres; à l'employé ou officier qui sera nommé gardien de la prise, jusqu'à son entier déchargement, 5 livres par journée; chaque original d'exploit, à l'huissier, 30 sous; chaque copie, avec copie de l'ordonnance, 30 sous; chaque journée d'homme de peine blanc, employé au transport et déchargement, 50 sous; et au commandeur, 3 livres; chaque journée de noir esclave, 20 sous; et au commandeur noir, 30 sous; chaque journée de bateau, 20 livres; de chaloupe, 40 livres; et de ponton, 150 livres; et attendu que, nonobstant l'article 18 de l'ordonnance de Sa Majesté du 20 avril 1756, il est impraticable à la Compagnie de faire le recouvrement des deniers dus par les adjudicataires, et qu'elle est exposée à une perte qui lui est considérable, il est statué et réglé que le greffier de la Cour fera, comme depuis l'établissement de l'île, le recouvrement des deniers qui seront dûs par les adjudicataires, à ses risques, périls, fortune; et pour ses salaires et vacations, pour l'indemniser de toutes pertes, des frais du crieur et tambour, il lui sera alloué quatre pour cent du montant des adjudications, à la charge par lui de remettre à la caisse de la Compagnie le montant desdites adjudications, sous ladite déduction, dans les vingt-quatre heures de l'arrêté de la vente ; a fixé pareillement le loyer dans chaque magasin de la Compagnie qui servira à serrer les marchandises· et effets, à 600 livres par mois ; ordonne aux capitaines et officiers de port, aux commis sur les travaux, de tenir registre exact, jour par jour, de la quantité d'hommes et de bateaux qni seront fournis pour les opérations des inventaires et déchargement desdites prises, et de remettre à la fin de chaque opération un état signé d'eux, de toutes les fournitures d'outils, ustensiles, journées et bateau. Signé : Desforges Boucher, Lejuge, Mabille, Bourceret Nevreau.

6 février 1761

Nomination par le Conseil supérieur du sieur Boussard de la Chapelle, à l'effet de remplir les fonctions de greffier en chef et de notaire du Conseil supérieur, en cas de maladie ou autre empêchement légitime du sieur Desribes, titulaire de ces places. Signé : Desforges Boucher, Mabille, Lejuge, Bourceret Nevreau. — N° 187, f° 227.

1er mars 1761

Provisions par lesquelles Sa Majesté le roi a nommé et établi gouverneur pour lui à l'île de France, le sieur Desforges Boucher, chevalier de l'ordre royal et militaire de Saint-Louis et déjà établi gouverneur en cette île pour la Compagnie des Indes.

Enregistrées au greffe du Conseil supérieur de l'île de France, le 27 juin 1761. — N° 183, f°   .

6 mars 1761

Ordre du roi par lequel Sa Majesté restreint aux territoires de Pondichéry et côte de Coromandel seulement les pouvoirs par elle donnés au sieur De Lally par ses provisions sous la date du 31 décembre 1756, qui établit le sieur De Lally son commissaire et commandant général de tous les établissements de la Compagnie des Indes, y compris les îles de France, de Bourbon et de Madagascar.

Même enregistrement que dessus. — N° 184, f° 246.

REGISTRE N° 10.

11 août 1762

Règlement général du Conseil supérieur, pour la police intérieure de la colonie. — N° 185, f° 42.

Le présent règlement porte que l'île de France sera divisée en huit principaux quartiers, et qu'il sera établi des syndics dans chaque quartier, savoir :

1° Le Port-Louis ou le port du nord-ouest dont les limites seront, du côté de l'est, la rivière des Lataniers, et du côté de l'ouest, la Grande-Rivière et le ruisseau de l'anse Courtois.

2° Le Port-Bourbon ou le port du sud-est dont les limites seront, d'un côté, la grande rivière du Grand-Port.

3° Le quartier des Pamplemousses, qui contiendra celui de la Maison-Blanche et celui de la Rivière-et-Plaine-des-Callebasses.

4° Le quartier de la Montagne-Longue, qui contiendra celui de la Rivière-du-Tombeau et le quartier de la Rivière-des-Lataniers.

5° Le quartier des Plaines-Wilhems, qui contiendra les habitations sises sur la rivière Belleau et celles de la rivière Noire.

6° Le quartier de Moka, qui contiendra le Réduit, le quartier ou l'îlot du Réduit et le quartier Militaire.

7° Le quartier de la Rivière-du-Rempart.

8° Et le quartier de Flacq, dont les bornes seront la grande rivière du Grand-Port. –

ART. 2. Les conseillers au Conseil supérieur de l'île de France seront commandants desdits quartiers sans pour ce être obligés à résider dans iceux. En conséquence M. Lejuge commandera les quartiers des Pamplemousses et Montagne-Longue, ainsi que leur dépendances ; M. Mabille aura le commandement du quartier de

Flacq et celui de la Rivière-du-Rempart ; M. Bourceret de Saint-Jean, celui du quartier des Plaines-Wilhems et dépendances ; M. de Candos, celui du Port-Bourbon ; M. Anthoine, du Port-Louis ; et M. Estoupan, de Saint-Jean, le quartier de Moka et ses dépendances.

ART. 3. Il sera établi des syndics dans chacun desdits quartiers, pour régir les affaires communes des habitants de leurs quartiers et qui auront, sous l'autorité du conseiller commandant, le détail de la police, et seront chargés de veiller à l'exécution des règlements.

ART. 4. Les habitants de chaque quartier seront tenus de s'assembler aux jour, lieu et heure qui leur seront indiqués par le conseiller commandant pour élire, à la pluralité des voix, un d'entre eux pour syndic, lequel sera en charge de ladite qualité pour trois ans, et la délibération des habitants sera écrite et rédigée et les voix recueillies par l'employé qui sera nommé à cet effet par M. le gouverneur.

ART. 5. Le syndic ainsi élu se présentera au Conseil pour prêter serment de bien et fidèlement remplir ses fonctions.

ART. 6. Lorsqu'il s'agira de traiter des affaires communes, les habitants pourront s'assembler en corps chacun dans leur quartier après en avoir préalablement obtenu la permission du conseiller commandant dudit quartier.

ART. 7. Le syndic se fera donner par chaque habitant de son quartier, dans le courant du mois de janvier de chaque année, le recensement par duplicata de sa personne et de sa famille ; du nombre, caste, âge et sexe de ses noirs esclaves, du nombre et talent des domestiques ; ses commandeurs et ouvriers blancs ; par quels vaisseaux lesdits blancs sont venus en cette île, et en quelle qualité ils y ont passé. Le même recensement contiendra aussi l'état des troupeaux, grands et petits chevaux et cochons dudit habitant.

ART. 8. Le syndic sera tenu de remettre, dans les dix premiers jours de février de chaque année, l'un des duplicata des recensements de son quartier au secrétaire du Conseil ; et au commandant, l'état de ceux qui auront été négligents à donner ledit recensement ; l'autre duplicata restera ès-mains dudit syndic.

ART. 9. Il est enjoint aux habitants de fournir ledit recensement au syndic du quartier dans le cours du mois de janvier de chaque année, à peine contre les contrevenants de 50 livres d'amende au profit de la commune.

Art. 10. Tout noir ou nègresse esclave qui n'aura point été déclaré dans le recensement, sera confisqué et vendu au profit de la commune.

Art. 11. L'ordonnance ou règlement du Conseil supérieur du 28 avril 1751 sera exécutée selon sa forme et teneur; et conformément à l'article 5, il est très-expressément défendu à tout habitant, de quelque qualité qu'il soit, même à tout capitaine et officier de marine, propriétaire d'habitation en cette île, de prendre à son service ou sous telle autre dénomination que ce soit, ni retirer chez lui aucun officier marinier, pilote, pilotin, matelot, charpentier, boucher, ou aucun homme classé, sans une permission expresse du commandant de la marine, visée du gouverneur, et dont un double sera remis au conseiller commandant du quartier, sous peine de 300 livres d'amende contre le contrevenant, et même de plus grande peine s'il y écheoit, applicable, moitié au profit des pauvres, et l'autre moitié au dénonciateur.

Art. 12. Incontinent après chaque récolte faite, l'habitant sera tenu de fournir au syndic de son quartier l'état de la quantité et des espèces de grains et légumes secs qu'il aura récoltés, et le conseiller commandant dudit quartier se transportera chez lesdits habitants pour vérifier lesdits états de récolte, même les recensements.

Art. 13. Il est expressément défendu auxdits habitants de vendre les grains qu'ils auront récoltés à qui que ce soit, tant de leur quartier qu'à celui d'un autre quartier, mais d'en faire exactement la remise dans les différents magasins de la Compagnie, sauf leurs provisions; et les particuliers qui n'ont point d'habitation, et les habitants qui ne récoltent point aucune espèce de grains, s'adresseront au commandant du quartier dans lequel ils désireront s'en pourvoir, qui leur expédiera une permission contenant la qualité et quantité des grains demandés, laquelle permission, visée du gouverneur, sera remise au syndic dudit quartier, qui en conséquence indiquera le lieu où ils pourront se procurer les grains portés dans ladite permission.

Art. 14. Ceux des habitants qui posséderont des habitations situées dans différents quartiers, seront tenus de donner au syndic du quartier dans lequel chaque habitation sera située, le recensement des noirs esclaves qui seront attachés à chacune desdites habitations, et l'état des grains et légumes qui y seront récoltés, et au syndic du quartier où il aura établi son domicile, son recensement général dans lequel il distinguera les recensements particuliers, le tout par duplicata.

ART. 15. Le syndic tiendra un registre qui sera cotté et paraphé par le commandant de son quartier, sur lequel il inscrira de suite et sans aucun blanc, les déclarations qui lui seront faites par les habitants de son quartier, des noirs marrons et autres, concernant son office ; et en tête dudit registre sera transcrite une copie, collationnée par le greffier du Conseil, du présent règlement.

ART. 16. Chaque habitant sera tenu de déclarer au syndic de son quartier ceux de ses noirs qui seraient marrons, dans les huit jours de leur absence, et de déclarer pareillement le nombre de fois que ledit esclave se sera absenté; donner avis des jours qu'il sera rentré soit volontairement ou s'il a été pris, par qui, en quel endroit, et s'il était seul ou en compagnie d'autres marrons, et du tout il sera fait écriture par le syndic sur son registre.

ART. 17. Le règlement du 12 avril 1756 sera exécuté ; en conséquence, tout habitant qui aura négligé de faire lesdites déclarations, encourra les peines prononcées par icelui.

ART. 18. Le syndic sera tenu d'envoyer tous les mois au procureur général ou au conseiller chargé de la commune, l'état des déclarations qui lui auront été faites des noirs marrons.

ART. 19. Les syndics écriront aussi sur leurs registres, les noms, caste, âge et sexe des esclaves non chrétiens qui décéderont, chacun dans son quartier ; enjoint aux maîtres de donner avis auxdits syndics, et dans le jour du décès desdits esclaves non chrétiens, du lieu où ils auront été inhumés, sous peine de 1,000 livres d'amende contre le maître qui aura négligé de faire ladite déclaration ; laquelle amende ne pourra être modérée, et au payement de laquelle, moitié au profit du dénonciateur et moitié au profit de la commune, il sera contraint même par corps.

ART. 20. Le syndic veillera à ce que, conformément aux ordonnances de Sa Majesté, l'habitant laisse aux esclaves les jours de fêtes et dimanches, sans pouvoir les faire travailler. Ils pourront néanmoins, dans les temps où la récolte presserait, faire travailler leurs esclaves, après en avoir préalablement obtenu la permission du gouverneur.

ART. 21. Le syndic veillera aussi à ce que, conformément auxdites ordonnances, les maîtres fournissent à leurs esclaves la nourriture et le vêtement nécessaires, et qu'ils n'excèdent pas sur eux les châtiments que l'ordonnance tolère.

ART. 22. Les syndics veilleront aussi à ce que les noirs des habitants ne s'attroupent, soit de jour, soit de nuit, sous prétexte de noces ou divertissements ; défend très-expressément à toutes personnes, de quelque qualité ou condition qu'elles soient, de souffrir chez elles lesdites assemblées, sous peine d'être poursuivies extraordinairement et punies suivant la rigueur des ordonnances, et, en outre, de répondre en leur propre et privé nom, de tous les inconvénients et dommages qui seraient résultés desdites assemblées. Enjoint aux maitres de faire arrêter par les noirs qu'ils commettent pour faire, pendant la nuit, la garde de leurs habitations, les noirs étrangers à ladite habitation qui s'y trouveront et de les faire conduire au port, à M. le gouverneur ou commandant, ou à M. le procureur général, pour être punis suivant l'exigence des cas.

ART. 23. Les syndics notifieront aux habitants assemblés qu'ils aient à instruire leurs noirs de porter un respect singulier aux blancs, de leur laisser le chemin libre, même de s'arrêter lorsque le blanc le lui commandera, et de lui déclarer son nom et celui de son maître ; défend à tout noir de porter aucune arme, ni même de couteau, sans une permission par écrit de son maître, et le présent article sera pareillement notifié aux noirs de la Compagnie et à leurs commandeurs.

ART. 24. Il est défendu à tous noirs esclaves de vendre, soit publiquement, soit dans les maisons, aucune volaille, cochon, cabris, ni autres victuailles, et aucun effet ou meuble de quelque nature qu'ils soient, sans permission par écrit de leurs maîtres, laquelle contiendra la date du jour de ladite permission, et ce que ledit noir apportera à vendre, sous peine par le noir saisi sans cette permission, de confiscation, au profit de l'hôpital, des vivres et effets dont il serait porteur et d'être puni corporellement.

ART. 25. Les syndics auront attention à ce que les grands chemins et ceux qui sont dus par les habitants, tant sur la face que sur les balisages de leurs habitations, soient entretenns en tous temps et convenablement, et lorsqu'il sera nécessaire de réparer lesdits grands chemins, le conseiller commandant dudit quartier donnera des ordres au syndic qui, en conséquence, fera fournir auxdits habitants les journées de corvée par tête de noirs mâles, depuis l'âge de quatorze ans jusqu'à soixante ans, qu'ils doivent suivant leurs recensements, pour lesdites corvées être employées sous les ordres de celui qui sera chargé de conduire lesdites réparations ; et, sur le refus des maîtres de fournir lesdites journées de corvée aux jours qui seront indiqués, ils y seront contraints par toutes voies et commandes, et les noirs ainsi fournis pour l'acquit des corvées seront nourris par la Compagnie.

ART. 26. Le syndic de chaque quartier se fera payer les cens et redevances dues par les habitants de son quartier sur l'état qui lui en sera remis par le conseiller chargé du domaine, soit en nature ou en argent, ainsi qu'il sera délibéré par le Conseil.

ART. 27. Défenses sont faites à tous habitants de tirer aucune arme à feu, après le soleil couché, sous peine de prison, si ce n'est dans le cas d'alarme occasionné par l'irruption des noirs marrons ou dans le cas d'incendie, auxquels cas l'habitant attaqué, ou qui a besoin de secours, sera tenu de tirer deux coups de feu à petite distance, lesquels il réitérera après un espace de temps tel que les circonstances pourront le lui permettre; enjoint aux autres habitants de se rendre sans différer, et toute affaire cessante, au lieu de l'alarme avec le plus de noirs qu'ils pourront; enjoint pareillement au syndic de se transporter au même lieu, et de faire note de ceux qui ne s'y seraient point rendus, laquelle note il enverra au conseiller commandant dudit quartier.

ART. 28. Les syndics veilleront avec une attention singulière à l'exécution du règlement du 29 juillet 1762, concernant les bois, et donneront avis au commandant du quartier des contraventions qui seraient faites audit règlement; enjoint à tout habitant qui aura obtenu des permissions du Conseil pour travailler, abattre ou transporter des bois, d'en donner copie auxdits syndics.

ART. 29. Défenses sont faites à tous habitants de débiter ou souffrir qu'il soit débité chez eux aucune boisson, soit aux ouvriers, esclaves ou soldats, soit aux noirs, sous peine de 1,000 livres d'amende; enjoint aux syndics de tenir la main à l'exécution du présent article, et sur leur simple dénonciation sera le contrevenant contraint par corps au paiement de ladite amende, outre la confiscation desdites boissons.

ART. 30. Les syndics feront aux habitants de leur quartier la publication et notification des ordres qui seraient donnés aux habitants par M. le gouverneur ou le Conseil, des règlements de police qui pourraient intervenir, des affiches concernant la vente des biens et autres dont la publicité doit être connue, et en remettront leurs certificats au greffe du Conseil, et dans le cas où il n'y aurait point dans leurs quartiers d'employé qui fît les fonctions de greffier, feront les levées de cadavre, s'informeront des causes de la mort et feront faire la visite, même l'ouverture d'iceux par l'un des chirurgiens du quartier, dont du tout ils dresseront acte sur le lieu, et qu'ils signeront et feront signer du chirurgien et autres présents à ladite levée, et feront mention de ceux qui déclareront ne savoir signer; apposeront aussi les scellés sur les meubles et effets de ceux qui décéderaient dans leurs quartiers sans héritiers présents, mais ne pourront procéder à la levée desdits scellés ni faire d'inventaires.

ART. 31. Le conseiller commandant du quartier jugera sommairement, et sauf l'appel au Conseil, de toutes les contestations qui pourraient s'élever entre les habitants dudit quartier, soit sur le fait de la fourniture des corvées, paiement des cens et redevances, des dommages qui pourraient être faits par les bestiaux d'un habitant sur le terrain d'un autre habitant, jugera les amendes et fera contraindre au paiement d'icelles ès-mains du caissier de la commune, et enfin jugera de tous les faits de police et d'habitant à habitant, et de noir à habitant, et leurs jugements seront exécutés par provision et nonobstant l'appel.

ART. 32. Il sera fourni à chaque syndic un noir de détachement et de la maréchaussée des noirs, ou même deux, suivant l'étendue du quartier, lesquels seront aux ordres du syndic pour donner aux habitants du quartier les avertissements qu'il conviendra, et leur notifier les ordres du gouverneur, du Conseil, les réglements et autres actes publics. Signé : Desforges Boucher, Mabille, Lejuge, Bourceret, Clouet et Estoupan de Saint-Jean.

Ce règlement est adopté sur un réquisitoire du procureur général expositif que l'établissement de la commune des habitants qui vient d'être formée, exige, dans l'intérêt de l'ordre public, qu'il soit établi des syndics dans chaque quartier de cette île, et de leur donner les pouvoirs nécessaires pour la discipline intérieure.

25 mars 1763

Provisions de l'office de procureur général au Conseil supérieur de l'île de France, accordées par Sa Majesté au sieur Jean-François Anthoine.

Enregistrées au greffe du Conseil supérieur de l'île de France, le 18 octobre même année. — N°. 186, f° 102.

18 octobre 1763

Nomination par la Compagnie des Indes dn sieur Boussard de la

Chapelle à l'office de greffier en chef et premier notaire au Conseil supérieur en remplacement du sieur Déribes nommé conseiller. — N° 187, f° 103.

23 mars 1763

Nomination par la Compagnie des Indes de MM. Bourlier, Déribes, Chazal et Lecointre aux offices de conseillers au Conseil supérieur de l'île de France. — N° 188, f° 103.

28 octobre 1763

Règlement du Conseil supérieur relatif à l'acquittement des ordonnances du Conseil et bons de caisse ayant cours dans cette colonie. — N° 189, f° 104. *Ce règlement porte :*

ART. 1. Tout particulier ayant entre les mains des ordonnances du Conseil de cette île ou bons de caisse du caissier, soit que ces effets lui appartiennent ou qu'ils lui aient été remis en dépôt ou en commission, sera tenu de les représenter en original aux commissaires du Conseil ci-après nommés, dans l'espace de trois mois, à compter de ce jour, passé lequel temps lesdites ordonnances et bons de caisse ne pourront être employés dans les états qui en seront arrivés au Conseil, sauf néanmoins le recours de ceux qui les auront mises en dépôt ou en commission contre les dépositaires ou commissionnaires qui auront négligé de faire lesdites présentations.

ART. 2. Lesdits effets, soit ordonnances ou bons de caisse, seront remis par les propriétaires, dépositaires volontaires ou judiciaires, ou autres personnes qui les en auront chargés, à MM. Estoupan de Saint-Jean et Déribes, conseillers audit Conseil supérieur, que ledit Conseil commet pour enregistrer lesdits effets sur le registre qu'ils feront tenir à cet effet, et faire mention en marge desdites ordonnances et bons de caisse, tant de ladite présentation que de la date et du folio du registre où les effets auront été portés.

ART. 3. Lesdits sieurs commissaires seront tenus de porter sur un registre qu'ils feront tenir triple, la copie figurée et littérale de de toutes les ordonnances et bons de caisse qui leur seront présentés ; ils certifieront au bas de la copie qu'elle est véritable et conforme à l'original ; et en marge de ladite copie ils feront mention de la présentation qui leur en a été faite, du nom de la personne qui leur aura présenté lesdits effets, et ils copieront sur chacune des ordonnances et bons de caisse qui leur seront présentés, la mention mise en marge des registres, ce qu'ils certifieront par leurs signatures ; après laquelle opération lesdits effets seront rendus à ceux qui les auront présentés pour par eux s'en faire procurer le paiement à la caisse.

ART. 4. Le public est prévenu qu'au 1er janvier 1764, il sera donné des billets neufs en échange des billets des anciennes créations, et qu'il ne sera donné de ces billets nouveaux qu'en remplacement des anciens billets, et non pour nouveaux paiements, ni ordonnances, qu'après que les anciens billets seront rentrés à la caisse. Signé : Desforges Boucher, Mabille, Déribes, Estoupan de Saint-Jean, de Chazal, Bourceret Nevreau.

5 novembre 1763

Nomination du sieur Guillaume Futereau aux places de greffier et notaire en second du Conseil, en remplacement de M. Broussard nommé greffier en chef. Signé : Desforges Boucher, Mabille, Lecointre, Estoupan de Saint-Jean, Déribes, de Chazal. — N° 190, f° 105.

7 février 1764

Règlement du Conseil supérieur, qui ordonne à tous habitants de tenir renfermés dans des parcs les cochons et cabris appartenant tant à eux qu'à leurs noirs, permet à tout habitant de tuer ou faire tuer sur son terrain les porcs et cabris de ses voisins qu'il y trouvera. — N° 191, f° .

La Cour a ordonné et ordonne à tous habitants de quelques qualité et conditions qu'ils puissent être, et en tel quartier que ce soit, de tenir renfermés dans des parcs surs et bien clos, les cochons et cabris appartenant tant à eux qu'à leurs noirs, sans pouvoir, sous aucun prétexte, les laisser sortir ; permet à tout habitant de tuer ou faire tuer sur son terrain les cochons ou cabris de ses voisins qu'il y trouvera, en faisant avertir sur-le-champ lesdits voisins, et sans que, pour cela, ils puissent exercer aucun recours ni dommage contre lui pour le paiement des cochons ou cabris qui auraient été tués. Signé : Desforges Boucher, Mabille, Déribes, Lecointe et de Chazal.

Arrêté du Conseil supérieur, qui proroge le délai fixé par l'arrêt du 28 octobre dernier, pour l'enregistrement des ordonnances, bons de caisse, rescriptions et autres effets de caisse. Signé : Desforges Boucher, Mabille, Lecointe, Déribes et de Chazal. — N° 192, f° 120.

Cet arrêté porte que la Cour a prorogé le délai fixé par ledit arrêt du 28 octobre dernier; jusque et y compris le dernier du présent mois de février, passé lequel temps, tous porteurs et dépositaires, soit volontaires, soit judiciaires, d'ordonnances, bons de caisse, rescriptions de la caisse de Bourbon sur celle de cette île, et autres effets de caisse tels qu'ils soient, ne pourront en exiger le paiement ni les négocier sous quelque prétexte que ce soit; fait défense de les recevoir, après ledit temps, à l'enregistrement, et au caissier de les acquitter, à peine de toute perte, et d'être le montant d'iceux, ainsi remis, rayé de dessus ses comptes.

10 avril 1763

Provisions de conseiller honoraire au Conseil supérieur de l'île de France accordées par Sa Majesté à M. Etienne-François Lejuge, ci-devant conseiller audit Conseil supérieur.

Enregistrées au greffe du Conseil supérieur de l'île de France, le 19 mars 1764. — N° 193, f° 135.

4 juin 1764

Règlement du Conseil supérieur, qui fait très-expresses inhibitions et défenses à quelque personne que ce soit de faire ou donner à faire aucune loterie, et même de se charger de la distribution d'aucun billet de loterie, sans en avoir obtenu au préalable la permission du procureur général du roi, à peine de 500 livres d'amende, et de confiscation des sommes, bijoux, marchandises et autres effets dont seraient composées lesdites loteries. Signé : Desforges Boucher, Mabille, Déribes, de Cazal et Lecointe. — N° 194, f° 147.

Ce règlement est adopté sur un réquisitoire du procureur général expositif qu'il se fait tous les jours dans le camp des loteries dont il résulte un abus qui est d'autant plus dangereux qu'il est caché sous le voile d'un gain licite, et qu'il est séduisant pour ceux qui s'y intéressent, puisqu'ils espèrent avoir pour un objet modique un effet d'une valeur plus considérable que celui qu'ils ont risqué ; que sur ces motifs, joints à la considération de différentes sortes de fraudes qui peuvent se commettre, sont intervenus plusieurs règlements et arrêts de Sa Majésté qui font défense à toutes personnes, de quelque condition qu'elles soient, de faire aucune loterie dans le royaume ; qu'en conséquence et comme ces différents arrêts et règlements n'ont jamais été publiés dans cette île, il plaise à la Cour, conformément à l'ordonnance de Sa Majesté du 14 mars 1687, et de l'arrêt de son Conseil d'Etat du 9 avril 1752, faire défense à toutes personnes, etc., etc.

20 octobre 1764

Nomination par le Conseil supérieur du sieur Jacob, employé de la Compagnie, à l'effet de remplir les fonctions de greffier et de notaire en second du Conseil. Signé : Desforges Boucher, Mabille, Estoupan de Saint-Jean, Déribes, Lecointe. — N° 195, f° 170.

6 décembre 1764

Arrêt de règlement du Conseil supérieur, qui ordonne que les règlements de la Compagnie concernant les défenses de débiter aucune sorte de boissons seront exécutés selon leurs forme et teneur. En conséquence la Cour fait très-expresses inhibitions et défenses à toutes personnes, de quelque qualité et condition qu'elles puissent être, de vendre, débiter et faire débiter, à commencer de ce jour, par pots, pintes et autres mesures plus petites et plus grandes, même par fûts, et de mélanger dans aucune boisson comme punch et thé, aucune boisson telle que vin, eau-de-vie, arack ou guildive, soit de Batavia ou autres endroits, soit de la fabrique des sieurs Delaroche et Réminiac, sous quelque prétexte et pour quelque cause que ce soit, à peine de confiscation desdites boissons, et d'être punis corporellement ; fait pareillement défense expresse auxdits sieurs Delaroche et Réminiac de vendre et débiter, ou faire vendre à l'avenir et à compter de ce jour, à qui que ce soit et sous quelque prétexte que ce puisse etre, la guildive qu'ils fabriquent sur leur habitation dite la Villebague, sous peine de confiscation même de celle qui se trouverait en magasin chez eux, et de 10,000 livres d'amende à laquelle ils seront contraints solidairement et même par corps. Signé : Desforges Boucher, Mabille, Estoupan de Saint-Jean, Lecointe, Déribes. — N° 196, f° 178.

Cet arrêt est rendu sur un réquisitoire du procureur général du roi, expositif que la Compagnie en accordant la liberté du commerce, s'est réservé, par l'article 3 de sa délibération du 2 mars 1754, le commerce exclusif des boissons ; que cependant l'impossibilité dans laquelle elle s'est trouvée pendant la guerre d'en fournir ses cantines, l'aurait forcée de tolérer celles des particuliers ; qu'aujourd'hui le nombre des consommateurs étant assez diminué pour qu'on puisse tirer des magasins de la Compagnie la quantité de boissons suffisante à ceux qui restent dans l'île, le procureur général croit qu'il est de son devoir de recourir à l'autorité de la Cour pour arrêter tout commerce de boissons et liqueurs fortes de toute espèce, et à cet effet qu'il soit pourvu au rétablissement des cantines de la Compagnie comme conforme aux ordres et à l'intention de ladite Compagnie et à la bonne police ; qu'en conséquence il soit fait défense à toutes personnes, de quelques qualité et condition qu'elles puissent être, de vendre ou faire vendre et débiter en bouteilles, par pots et mesures, aucune sorte de boissons fortes, comme eau-de-vie, arack ou guildive, soit de Batavia, soit de Villebague, ou d'en débiter des mélangées dans les autres boissons, comme punch et thé ; que, conformément à l'article 8 du réglement du 13 décembre 1750, il soit établi une principale cantine et deux sous-cantines au port, une sous-cantine au quartier des Pamplemousses, une autre à celui des Plaines-Wilhems et de Moka, et une autre à Flacq, en tout six cantines qui débiteront les boissons de la Compagnie, vin et eau-de-vie, suivant le tarif qui sera délivré, et que les articles 9, 10, 11, 12, 13, 14 et 15 dudit règlement soient exécutés selon leur forme et teneur ; que par les différents procès-verbaux de levées et visites de cadavres, il apparaît que la cause de la mort de la plupart d'iceux provient de l'excès et falsification des différentes boissons qui se débitent en cette île ; que d'ailleurs un nombre infini de gens débitent des boissons, et notamment la guildive fabriquée en cette île, sans en avoir obtenu aucune permission.

26 mai 1764

Délibération de la Compagnie des Indes, qui défend et prohibe à tous les officiers de terre et de mer, à tous ses employés et à toutes autres personnes, de quelque qualité et condition qu'elles soient, dè sortir et exporter de l'île de France des bois do charpente travaillés de quelque espèce et à quelque usage qu'ils soient propres, sous peine de confiscation desdits bois et d'être renvoyés du service de la Compagnie. Signé : Delavigne et Canard.

Enregistrée au greffe du Conseil supérieur, le 31 décembre de la même année. — N° 197, f° 180.

Août 1764

Edit du roi, portant confirmation de l'établissement de la Compagnie des Indes, sous le titre de Compagnie commerçante, et contenant cession de la part de Sa Majesté au profit de la Compagnie de 11,835 actions et de 11,835 billets d'emprunts, et rétrocession par la Compagnie à Sa Majesté des îles de France et de Bourbon, et du port de Lorient.

Enregistrée au greffe du Conseil supérieur, le 17 mai 1765. — N° 198, f° 225.

Arrêté du Conseil supérieur, concernant une lettre des syndics et directeurs de la Compagnie des Indes, sous la date du 22 octobre 1764, qui établit une commission secrète composée de M. Desforges Boucher, de M. Denis, conseiller au Conseil supérieur de Pondichéry, de M. Cardonne contrôleur du port de Lorient, de M. Lecointe, conseiller au Conseil supérieur de l'île de France, de M. Hermans, habitant, et du sieur Le Comte Danpierre, à l'effet de gérer et administrer toutes les affaires de la Compagnie. — N° 199, f° .

_La présente lettre est suivie d'une délibération du Conseil supérieur, et de la prestation de serment des membres de ladite Commission, instituée ainsi qu'il est ordonné.

8 juillet 1765

Règlement du Conseil supérieur, qui autorise l'établissement des cantines en cette île, et détermine l'ordre et la police à observer à cet égard. — N° 200, f° 243.

_ ART. 1. Toutes les cantines ne pourront être ouvertes avant le coup de canon du matin, et seront fermées sitôt le coup de canon de retraite ; et il est expressément défendu à tout cantinier de donner à boire chez lui après ledit coup de canon de retraite, à peine de 100 livres d'amende pour la première fois et de 500 livres en cas de récidive, applicable moitié aux pauvres de la paroisse et l'autre moitié à ceux qui auront dénoncé la contravention.

ART. 2. De chaque barrique de vin ou pièce d'eau-de-vie qui sera prise du magasin pour être mise en vente dans les différentes cantines, il sera tiré, et ce avant la sortie du magasin et en présence de l'employé de la police, une bouteille à laquelle sera attachée une étiquette portant un numéro qui sera le même que celui que l'on mettra en même temps à la barrique ou pièce, et cette bouteille demeurera déposée chez le procureur général du roi.

ART. 3. Lorsque le cantinier voudra mettre en perce la pièce ou barrique ainsi numérotée, il en fera sa déclaration au procureur général du roi, et alors le nom dudit cantinier et le jour de sa déclaration seront inscrits sur l'étiquette de la bouteille, laquelle sera remise audit cantinier lorsqu'il fera, dans le même ordre, une déclaration pour une autre barrique ou pièce.

ART. 4. Il est expressément défendu à tout cantinier de vendre ou débiter, soit en gros, soit en détail, aucune boisson qui ne soit tirée du magasin de la Compagnie et conforme à la bouteile qu'ils auront déposée chez le procureur général du roi, à peine de confiscation des boissons qui seraient trouvées chez eux lors des visites qui en seraient faites, de 1000 livres d'amende applicables moitié à la Compagnie, et moitié au dénonciateur, et à peine de privation de cantine.

ART. 5. Il est défendu à tout cantinier de falsifier les boissons qui leur seront délivrées du magasin, sous peine de punition corporelle.

ART. 6. Ordonne que l'arrêt de la Cour, du jeudi 6 décembre 1764, qui interdit à tous particuliers la vente des boissons, sera exécuté selon sa forme et teneur; transporte aux pauvres de la paroisse la portion des amendes appliquées à la Compagnie par ledit arrêt, réserve seulement à ladite Compagnie les saisies qui seront faites, enjoint aux employés, à la police, aux syndics des quartiers et autres d'y tenir la main; ordonne que les amendes qui auront été encourues pour contraventions audit arrêt et au présent règlement, seront payées au greffier de la Cour qui les recevra, en donnera quittance, et du montant desquelles il comptera lorsqu'il en sera requis. Signé : Desforges Boucher, Déribes, Estoupan de Saint-Jean, Lecointe, Hermans, Le Comte.

Ce règlement est adopté sur un réquisitoire du procureur général expositif que les commissaires préposés par la Compagnie à la régie

et administration de ses affaires dans cette île, avaient délibéré qu'il était du bien et de l'avantage de ladite Compagnie d'établir des cantines pour y vendre et débiter ses boissons ; qu'il conviendrait par conséquent que la Cour autorisât cet établissement, et prît des mesures efficaces pour prévenir les désordres, abus et malversations qui pourraient se commettre dans lesdites cantines, tant par les différents particuliers qui iront y acheter des boissons, que par les cantiniers eux-mêmes ; qu'à ces fins il requiert qu'il y soit pourvu.

La Cour ayant égard au dire et réquisitoire du procureur général du roi, a autorisé et autorise l'établissement des cantines en cette île, et en conséquence, pour y maintenir l'ordre et prévenir les abus qui pourraient être commis, adopte le présent règlement.

14 septembre 1765

Arrêt de règlement du Conseil supérieur, relatif aux bateaux et autres embarcations. — N° 201, f° 274.

La Cour fait défense à toutes personnes, de quelques qualité et conditions qu'elles soient, d'avoir aucun bateau, canot, chaloupe, yolle ou pirogue, enjoint à tous ceux qui en possèdent actuellement de les faire remettre dans le port sous huitaine, à peine de confiscation desdits bateaux, chaloupes, canots, yolles et pirogues et des noirs esclaves qui y seraient trouvés dessus ; ordonne l'exécution du règlement du 17 août 1757, et en étendant et expliquant icelui, ordonne qu'aucune personne ne pourra construire, acquérir, ou autrement posséder et jouir d'aucune desdites embarcations, sans en avoir au préalable obtenu permission du gouverneur ou du Conseil, laquelle sera visée du procureur général du roi, ensuite remise et déposée au greffe de la Cour pour y être enregistrée, et par le greffier délivré au propriétaire copie de ladite permission et de son enregistrement, le tout numéroté du numéro qui sera donné par le greffier, enjoint à ceux qui auront obtenu lesdites permissions, d'en faire graver le numéro en lieu apparent sur lesdites embarcations, de montrer et exhiber ladite permission et l'embarcation ainsi numérotée au capitaine de port, pour par lui inscrire le nom du propriétaire, la date de la permission, celle de son enregistrement, le numéro, la dénomination et le port de ladite embarcation, sur un registre particulier qu'il tiendra dans son bureau ; fait défenses à tous patrons et autres conducteurs de bateaux, de canots, de sortir du port sans un billet du capitaine

du port ou de son lieutenant, lequel billet contiendra et désignera
le lieu de la côte où ledit bateau ira faire la pêche ; fait défenses
très-expresses aux propriétaires, patrons ou canotiers et gardes-
équipages desdites embarcations, blancs ou noirs, de laisser leurs
dites embarcations la nuit le long de la côte ; leur ordonne, s'ils
ne peuvent gagner le port, de se rendre dans les différentes baies
et sous les batteries de la côte où sont établis des postes ; de remettre dans lesdits postes, les voiles, gouvernail, rames, pa-
gailles et autres agrès desdits bateaux et embarcations, icelles
amarrées à terre avec des chaînes et cadenas dont ils seront tenus
de se pourvoir à cet effet, sans pouvoir aborder en aucun autre
endroit de la côte où il n'y a point de poste établi, à peine de
confiscation desdits bateaux ou autres embarcations, de 1,000 livres
d'amende contre le propriétaire et le patron, dont ils seront solidairement responsables, et en outre de prison contre ledit patron
et les gens de son équipage ; enjoint en outre aux propriétaires et
patrons desdites embarcations, de veiller soigneusement de jour
et de nuit à la garde desdits bateaux, même rendus auxdits postes,
sous peine de répondre, en leur propre et privé nom, de la perte
et enlèvement d'iceux, et de l'évasion des noirs marrons, et d'en
payer la valeur aux maîtres desdits esclaves marrons ; enjoint au
greffier, en faisant l'enregistrement desdites permissions, de faire
prendre lecture du présent règlement et de celui du 17 août 1757,
à ceux qui auront obtenu lesdites permissions, et d'en faire mention
ainsi que de leur soumission à l'exécuter, a déclaré lesdits règlements communs avec les bâteaux des vaisseaux qui seront dans les
ports de cette île, enjoint aux capitaines desdits vaisseaux de tenir
la main à leur exécution. Signé : Desforges Boucher, Estoupan de
Saint-Jean, Leeointre, Le Comte, Hermans.

Cet arrêt est rendu sur un réquisitoire du procureur général
expositif que divers particuliers de cette île possèdent des pirogues
et bateaux sans aucune permission, ce qui occasionne des abus et
facilite aux noirs les moyens de s'évader par l'enlèvement desdits
bateaux et pirogues ; qu'il est nécessaire d'y remédier par un
nouveau règlement.

REGISTRE N° 11

Arrêt de règlement du Conseil supérieur, relatif à la vente à l'encan et à la distribution des marchandises et effets de la Compagnie commerçante. — N° 202, f° 18.

La Cour fait très-expresses inhibitions et défenses aux administrateurs du commerce de la Compagnie commerçant en cette île, de procéder et faire procéder à aucune vente à l'encan au plus offrant et dernier enchérisseur, sous quelque prétexte que ce puisse être, même d'avarie, sans y être préalablement autorisés par le Conseil supérieur seul chargé de la police à laquelle toute vente publique est soumise, et attendu les besoins urgents où la colonie est reduite de marchandises et effets de première nécessité, leur enjoint de procéder en la forme et au prix accoutumé à la distribution desdits effets et marchandises, distraction par eux faite de celles qu'ils jugeront nécessaires aux armements et aux besoins de la Compagnie, et notamment aux besoins de l'hôpital, et pour les mettre en état de procéder à ces distributions avec égalité, et relativement au nombre de personnes qui composent chaque famille, et l'état des personnes, si la quantité des marchandises permet d'y avoir égard, ordonne que par le caissier, teneur de livres de la commune, il leur sera délivré une expédition du recensement général de la colonie, pour sur icelle être dressés par eux des états de répartition, lesquels seront affichés aux boutiques et aux magasins de la Compagnie ; ordonne pareillement que l'article 13 du règlement du Conseil, du 11 août 1762, concernant la remise des grains dans les magasins de la Compagnie sera exécuté selon sa forme et teneur ; enjoint aux syndics de tous les quartiers de l'île de veiller à son exécution, et se réserve le Conseil de se retirér par devers le roi pour l'instruire de l'état actuel de la colonie et du traitement de la Compagnie des Indes vis-à-vis les colons, et pour supplier Sa Majesté d'interposer son autorité pour le maintien des droits et de la liberté de ses fidèles sujets de l'île de France. Signé : Desforges Boucher, Estoupan de Saint-Jean, Déribes.

Le présent arrêt est rendu sur un réquisitoire du procureur général du roi , et par suite de protestations et déclarations faites par les syndics et députés des différents quartiers de l'île , au nom et comme fondés des pouvoirs des habitants de la colonie.

Arrêt du Conseil supérieur, qui maintient l'exécution de l'arrêt du 3 mai 1766 , concernant les défenses faites aux administrateu.s du commerce de la Compagnie de faire procéder à aucune vente à l'encan sans y être préalablement autorisés par le Conseil supérieur. Signé : Desforges Boucher, Estoupan de Saint-Jean , Déribes, Lecointe. — N° 202 bis.

Cet arrêt est rendu sur une requête en forme de mémoire présentée par les commissaires de la Compagnie des Indes en cette île, tendante à ce que pour les causes y énoncées , il plaise à la Cour attendu que, en considération de la position et des besoins urgents, elle a, par son arrêt sous la date du 3 mai 1766, donné acte aux syndics et aux députés de la colonie de leur protestation contre toute vente à l'encan des marchandises et effets déposés dans les magasins de la Compagnie, en ordonnant toutefois, pour la remise de la balance, l'exécution selon la forme et teneur de l'article 13. du règlement du 11 août 1762 , concernant l'envoi des grains dans les mêmes magasins ; déclarer nulles , non avenues et non recevables les autres protestations contenues dans le même délibéré des syndics et députés de la colonie du 20 avril 1766 , sur lesquelles la Cour a sursis à faire droit ; et arrêter, en même temps , que M.. Desforges , gouverneur de la colonie et président de la Commission. comme il l'est du Conseil supérieur, sera prié de remontrer aux syndics et députés de la colonie à leur prochaine assemblée l'irrégularité de l'acte inconsidéré qu'ils ont fait, et de leur enjoindre non-seulement de mettre à l'avenir dans toutes demandes concernant la Compagnie ou ses représentants, l'exacte circonspection à laquelle ils se doivent, mais encore de demander dans les bornes que prescrivent à tous les habitants à l'égard de l'administration de cette Compagnie les contrats qui les font jouir des concessions qui leur ont été faites à eux ou à leurs auteurs.

19 juillet 1766

Règlement du Conseil supérieur, concernant la police des esclaves, leurs marronnages, les obligations des maîtres, les contributions à ce relatives, la manière dont ces esclaves tués en marronnage seront payés à leurs maîtres, les récompenses accordées aux détachements pour l'extinction des noirs fugitifs et marrons, et les contributions à supporter par les habitants pour subvenir aux dépenses de leur commune — N° 203, f° 41.

ART. 1. Tous propriétaires d'esclaves, fermiers, dépositaires, employés de la Compagnie ayant les rôles de ses esclaves, seront tenus, de quelque état, grade, qualité et condition qu'ils soient, conformément à l'arrêt de règlement du 12 avril 1756, de déclarer l'évasion de leurs noirs dans le cours et délai de huit jours, à compter du jour de l'évasion, passé lequel temps, le maître propriétaire, fermier, dépositaire et même l'employé de la Compagnie personnellement, qui aura négligé de faire ladite déclaration, aura de droit encouru une amende de 20 livres pour chaque esclave non déclaré, et sera condamné à payer ladite amende ès mains du caissier de la commune pour et au profit d'icelle, sur la simple dénonciation du syndic du quartier ou du caissier et à la poursuite et diligence du procureur général du roi.

ART. 2. Déclare appartenir de droit à la commune des habitants tout esclave fugitif non déclaré tel par son maître, fermier, dépositaire ou par l'employé de la Compagnie, sauf le recours des propriétaires contre ledit fermier et dépositaires, et celui de la Compagnie contre son employé; déclare aussi appartenir de droit à la commune tout esclave fugitif et né dans le bois, qui aura été pris et amené par les détachements dont le maître n'aura pas été reconnu et qui n'aura pas été réclamé dans l'an et jour de la prise; ordonne que lesdits noirs non réclamés, ensemble ceux qui n'auraient pas été déclarés dans le mois et jour de leur évasion, seront vendus au profit de la commune, et le prix de leur vente, versé dans la caisse de ladite commune, le tout à la requête et diligence du procureur général du roi sans que, après, lesdits maîtres et autres puissent en réclamer la valeur sous quelque prétexte que ce soit.

ART. 3. Les noirs fugitifs tués dans le bois par les détachements et qui n'auraient pas été déclarés par leurs maîtres ou autres dans le mois et jour de leur fuite, seront en pure perte pour le maître, sauf son recours contre le fermier ou dépositaire.

ART. 4. Il est enjoint, conformément à l'article 16 du règlement du 11 août 1762, à tout habitant, propriétaire, fermier, dépositaire d'esclaves et à l'employé ayant le rôle des esclaves de la Compagnie, de déclarer au syndic de son quartier la rentrée de l'esclave qu'il aurait dénoncé fugitif, et qui se serait rendu volontairement ou qui aurait été amené par autre que le détachement , et ce dans la huîtaine de la rentrée dudit esclave, à peine de 20 livres d'amende au profit de ladite commune pour chaque esclave dont la rentrée n'aurait pas été déclarée, payables sans dépôt à la caisse de la commune sur le simple réquisitoire du procureur général du roi.

ART. 5. L'article 8 du règlement du 12 avril 1756 sera exécuté selon sa forme et teneur et sous les peines y portées ; en conséquence, est enjoint à toutes personnes, en vendant leur esclave, de déclarer à l'acquéreur les défauts corporels dudit esclave ; s'il a été marron, la durée de ses marronnages, s'il a été repris de justice, pour quelle cause ; à peine de nullité de ladite vente , échange et restitution du prix d'icelui ; enjoint en outre , tant au vendeur qu'à l'acquéreur, de ne point échanger le nom que portait ledit esclave, et sous lequel il était connu, sous tel prétexte que ce soit et sous les peines de droit.

ART. 6. Les articles 7 et 9 du règlement du 11 août 1762 seront exécutés selon leur forme et teneur; en conséquence, tout maître d'esclaves , de quelque grade , qualité et conditions qu'il soit , ensemble tout fermier, dépositaire d'esclaves et employé ayant le rôle des esclaves de la Compagnie, seront tenus de fournir leurs recensements au syndic de leur quartier par duplicata et de six mois en six mois dans les quinze derniers jours de juin et de décembre de chaque année, et dans les formes prescrites tant par lesdits articles 7 et 9 que par le 14ᵉ article dudit règlement et le 2ᵉ article du présent.

ART. 7. Conformément à l'article 8 du règlement du 11 août 1762, les syndics seront tenus de remettre l'un des duplicata des recensements qui leur auront été fournis par les habitants de leur quartier au caissier de la commune, pour sur lesdits recensements être dressé par ledit caissier l'état général des noirs existant dans l'île aux derniers jours de juin et décembre de chaque année; être fait pareillement l'état des recettes et dépenses de ladite commune pendant chaque semestre ; et procéder sur iceux à la contribution égale sur chaque tête d'esclaves, sans distinction d'âge, existant au temps des recensements, des sommes dont la commune se trouvera débitrice à la fin de chaque semestre ; tous lesquels états seront vérifiés par les syndics et arrêtés par le procureur général du roi ; pour ensuite , par ledit caissier, être fait extraits de l'état de contribution pour chaque quartier de l'île ; iceux remis auxdits syndics, pour chaque quartier ; être fait par lesdits syndics la collecte des sommes dont chaque habitant, fermier ou autre est tenu ; et lesdites sommes, au fur et à mesure de leur perception, être remises et portées à la caisse de la commune par lesdits syndics ; et seront les refusants ou négligeants de payer leur quote part dans ladite contribution, contraints même par saisie et vente d'un ou de plusieurs de leurs esclaves sur le simple réquisitoire du procureur général du roi.

ART. 8. Les noirs qui seront tués dans le bois par les détachements et reconnus fugitifs de plus d'un mois, seront remboursés aux propriétaires d'iceux par la commune, la somme de 360 liv., monnaie de l'île, la piastre à 72 sous, et sans avoir égard à l'âge, au sexe, ni à la caste, nonobstant les dispositions et le tarif portés en l'arrêt du 26 mai 1757. Les noirs réputés renards et qui n'auront point passé un mois absents, ainsi que tous autres noirs non marrons, qui par accident ou autrement auront été tués dans le bois par les detachements, même les noirs esclaves faisant partie des detachements qui seraient tués par les noirs marrons, ou estropiés et incapables de servir par suite de blessures reçues à la poursuite desdits noirs marrons, seront estimés par deux des principaux habitants du quartier du maître desdits esclaves et le prix de leur estimation sera payé au propriétaire d'iceux par la commune.

ART. 9. Les esclaves fugitifs pris et amenés vivants soit par les détachements ou autres, seront ouïs par le procureur général du roi sommairement, avant d'être rendus à leurs maîtres, s'ils ne se trouvent suspectés ou coupables d'aucun crime autre que le marronnage pour, après avoir subi la punition portée par les articles . . . . . . de l'ordonnance de Sa Majesté du . . . . . . être rendus à leurs maîtres, en payant préalablement par eux à la caisse de la commune pour chaque fugitif, et pris dans le cours des huit premiers jours de son évasion, la somme de 5 livres ; celle de 10 livres pour celui qui aura été fugitif plus de huit jours, et 50 livres pour celui qui aura été fugitif un mois et plus, non compris les frais de geole et nourriture dudit esclave.

ART. 10. Tout esclave qui sera puni de mort ou condamné à la chaîne à perpétuité pour crimes qui mériteront ces peines, même les esclaves fugitifs avec enlèvement d'armes ou récidive de marronnage pour la troisième fois, ou pendant la désertion convaincus d'être chefs de bandes ou autres, ou complices pendant la désertion d'enlèvement de négresses, vols de bestiaux, ou autres crimes dérivant du marronnage, seront, conformément aux lettres patentes en forme d'édit, du mois de   1725, estimés par deux des principaux habitants du quartier qu'habitent les maîtres desdits esclaves, qui seront nommés d'office par le Conseil, pour, si ledit noir est condamné à la peine de mort, la totalité du prix d'icelui, suivant l'estimation, être remise et remboursée par la commune à son maître; et, la moitié seulement dudit prix, s'il est condamné à la chaîne à perpétuité; l'autre moitié sera remboursée au maître par le domaine, si ledit esclave est appliqué aux travaux publics.

ART. 11. Pour exciter l'émulation et parvenir à la destruction des noirs actuellement fugitifs et prévenir par la suite les évasions desdits noirs, la Cour ordonne que, sans avoir égard aux anciennes fixations portées par les précédents règlements, il sera payé aux détachements pour chaque noir ou négresse qui sera marron d'un mois et plus, qu'ils prendront et amèneront vivants, la somme de 500 livres, monnaie de l'île, la piastre sur le pied de 72 s., monnaie courante; 150 livres seulement pour chaque esclave qui sera marron d'un mois et plus, qui sera tué dans le bois et dont le détachement sera tenu d'apporter la tête pour se justifier de la poursuite, et servir à la reconnaissance d'icelui, lesquelles sommes seront payées comptant par le caissier de la commune au détachement qui aura fait la capture, sur le mandat du procureur général du roi, et en cas de difficulté ou de doute, soit au sujet des époques ou dates des désertions desdits noirs esclaves, soit au sujet de leurs noms, ou tel autre que ce soit, elles seront levées et jugées sommairement par M. le gouverneur ou celui de ces messieurs qui, en son absence, présidera le Conseil, sur le rapport du procureur général du roi, afin de ne point retarder le paiement des récompenses, sauf l'appel au Conseil supérieur.

ART. 12. Les détachements ne pourront prétendre à d'autres récompenses pour les enfants impubères qu'ils arrêteront dans le bois et qui y seront nés de négresses fugitives ou enlevées, ou qui y auront suivi leurs mères et qui auraient habité le bois plus d'un mois, qu'à la somme de 50 livres pour chaque enfant, laquelle somme leur sera payée par la commune, sauf à s'en faire rembourser par le maître de l'enfant ou de la mère de l'enfant.

Art. 13. Les détachements seront ouïs à leur retour par le procureur général du roi. La déclaration du chef et de deux personnes de sa brigade fera foi, et l'esclave marron, tué par ledit détachement, sera réputé suffisamment connu, lorsqu'il l'aura été par le chef dudit détachement et de deux personnes d'icelui.

Art. 14. Les habitants pourront entre eux former des détachements pour aller à la poursuite des esclaves fugitifs, et en cas de prise, prétendre aux récompenses établies par le présent règlement, chaque habitant pourra aussi, à l'aide de ses noirs, en qui il croit pouvoir prendre confiance, former des détachements et les envoyer à la poursuite des esclaves marrons, mais dans aucun cas, ni en quelque temps et sous quelque prétexte que ce soit, lesdits habitants ne pourront aller ensemble avec ou sans leurs noirs dans le bois, sans en avoir au préalable obtenu la permission de M. le gouverneur et du conseiller commandant leur quartier, ou en leur absence, du syndic ; ils seront même tenus, au cas qu'ils se fassent suivre de noirs armés, de prendre lesdites permissions par écrit, et d'y faire insérer le nombre de noirs qu'ils demanderont à armer ; lesdits habitants ne pourront non plus, s'ils rencontrent des noirs de maréchaussée, forcer lesdits noirs de maréchaussée de se joindre à eux, ni disposer d'eux sous quelque prétexte que ce soit.

Art. 15. Les récompenses fixées par le présent règlement et et qui seront payées aux noirs de la maréchaussée, seront réparties entre lesdits noirs selon l'ordre qui sera établi entre eux par le procureur général du roi, et celles qui seront payées aux détachements fournis par les habitants entre eux avec leurs noirs, appartiendront aux habitants qui les auront formés et seront réparties suivant la convention qu'ils auront faite entre eux.

Art. 16. Il sera construit au Port-Louis, pour et aux frais de la commune, un bagne à l'effet d'y renfermer les noirs et négresses qui auront été arrêtés par les détachements ou autres pour fait de marronnage, dans lequel ils seront nourris par la commune jusqu'à ce qu'ils aient été rendus à leurs maîtres ; ou, si le cas y échoit, transférés, par les ordres du procureur général du roi, dans les prisons du Conseil ; et les dépenses dudit bagne, desdites nourritures et des gages du concierge seront allouées sur les comptes du caissier en rapportant les quittances visées du syndic du port, sauf néanmoins l'exécution du 9e article du présent règlement.

Art. 17. Et pour subvenir aux dépenses courantes de ladite commune, et ayant égard à la requête desdits syndics et députés, la Cour a ordonné qu'il sera fait un fonds, et payé à la caisse de ladite commune, la somme de 25 s. par chaque tête de noirs et négresses existant dans l'île, même par les impubères, à l'exception de ceux actuellement marrons; a autorisé les syndics, chacun dans son quartier, a faire la collecte des sommes dont sera tenu chaque habitant, propriétaire, fermier, dépositaire ou autre, à raison du nombre d'esclaves qui est en sa puissance; enjoint auxdits habitants, fermiers, dépositaires et autres sans distinction, de payer incessamment et dans le délai de quinzaine, la somme dont chacun est tenu ès-mains desdits syndics, sous les peines portées par l'article 7 du présent règlement; enjoint auxdits syndics de donner quittance des sommes qu'ils recevront, comme aussi de toutes pièces écrites auxdits habitants, des déclarations qu'iceux habitants leur enverront de la fuite et de la rentrée de leurs noirs.

Art. 18. Les arrêts de règlement des 12 avril 1756 et 11 août 1762 seront au surplus exécutés selon leurs forme et teneur. Signé : Desforges Boucher, Estoupan de Saint-Jean, Déribes, Hermans.

Ce règlement est adopté à l'occasion de requêtes présentées par les habitants de cette île, à l'effet de procéder, chacun dans son quartier à la nomination desdit syndics et députés des différents quartiers sous l'autorité et permission du gouverneur, dans le projet présenté au Conseil par les syndics et députés pour parvenir au rétablissement de la commune, à l'extirpation des noirs fugitifs et marrons dans les bois, et à la fixation des diverses récompenses propres à exciter l'émulation pour la poursuite de ces noirs, et à procurer aux habitants la tranquillité dans leurs établissements; et sur d'autres requêtes des syndics et députés tendant à ce qu'il soit établi une collecte de 25 sous par chaque tête de noir existant en cette île, pour subvenir aux premières dépenses de la commune.

3 octobre 1766

Arrêt du Conseil supérieur, qui accorde aux sieurs de Maudave et Pytois un délai de vingt mois, pendant lequel il ne pourra être fait contre eux aucune poursuite de leurs créanciers. Signé : Desforges Boucher, Denis, de Chazal, Estoupan de Saint-Jean, Hermans. — N° 204, f° 89.

Cet arrêt est motivé sur ce que les sieurs de Maudave et Pytois, ayant été nommés par l'Assemblée générale des syndics et députés de la colonie, leurs députés en Europe, sont obligés à une absence qui rompt les mesures qu'ils ont prises ou qu'ils auraient pu prendre pour le paiement de leurs dettes.

30 décembre 1766

Règlement du Conseil supérieur, qui ordonne que tout habitant propriétaire d'esclaves, sera tenu de fournir et remettre au syndic de son quartier par chaque année, savoir : Une queue de singe à raison de trois têtes de ses esclaves, sans distinction d'âge, de caste et de sexe; comme aussi par chaque tête d'esclave, sans qu'une chose le dispense de l'autre, quinze queues de rats, quinze têtes d'oiseaux ou œufs d'oiseaux, et quatre livres de sauterelles; enjoint aux syndics des quartiers de les recevoir au fur et à mesure qu'il leur en sera fait remise, et d'en tenir note pour par eux être dressé et remis à la fin de chaque année es mains du procureur général du roi, un état exact de ceux qui n'auront point rempli leur contingent, lequel état contiendra le déficit de chacun d'eux sur chaque objet, en conséquence, les délinquants seront redevables envers la caisse de la commune, savoir : de 2 livres 4 sous par queue de singe, de 3 sous par queue de rat, de 3 sous par tête d'oiseau, et de 8 sous par livres de sauterelles, en déficit; desquelles sommes perception sera faite par les syndics sur chaque redevable, en vertu de la contrainte qui sera dénoncée à cet effet par ledit procureur général, et comme chaque quartier n'a pas à la fois tous les fléaux sus-mentionnés, il sera loisible à tout habitant de fournir le quadruple d'un des articles de la taxe pour s'acquitter du tout, ou le double pour payer deux articles. Signé : Desforges Boucher. — N° 205, f° 89.

Ce règlement est adopté sur un réquisitoire du procureur général expositif que : MM. les syndics et députés de la colonie l'ont sollicité de poursuivre l'obtention d'un règlement de la Cour pour parvenir à la destruction des animaux et insectes nuisibles aux plantations, et dont la grande quantité occasionne des ravages sur les récoltes et fait un préjudice infini aux habitants.

24 mars 1767

Arrêté du Conseil supérieur, qui autorise le caissier à dresser l'état de contribution de 25 sous par tête d'esclave, sans autre distinction que de ceux qui sont marrons, et ce, soit sur les recencements déjà fournis cette année, soit sur ceux de l'année dernière, à l'égard des particuliers qui ont négligé ou refusé d'en fournir; autorise pareillement les syndics des quartiers à faire chacun dans leur quartier, la collecte de ladite contribution, après que l'état en aura été arrêté et visé ; permet au procureur général du roi de faire procéder à la saisie et vente d'un ou deux esclaves, si besoin est, de tout particulier refusant ou négligeant de payer sa part de la contribution de l'année dernière, pour, sur le prix provenant de ladite vente, être payé le montant de sa quotité es mains du caissier de la commune et le surplus à lui rendu, déduction faite des frais de saisie et de vente ; condamne tout particulier, propriétaire d'esclaves, qui n'a point déjà fourni son recensement du sémestre de décembre, ce jour, 24 mars, à une amende de 20 livres envers la commune, au paiement de laquelle ordonne qu'il sera contraint par la saisie d'un de ses esclaves à la poursuite du procureur général du roi. Signé : Desforges Boucher. — N° 206, f° 109.

Cet arrêté est rendu sur un réquisitoire du procureur général du roi, expositif que le règlement de la commune, duquel la colonie a déjà ressenti tant de bons effets, est à la veille d'être sans vigueur par la mauvaise volonté des uns et la négligence des autres, à fournir leurs recensements ainsi qu'ils y sont astreints par l'article 6 du règlement ; que la plus grande partie des particuliers propriétaires d'esclaves n'ont pas encore remis les recencements qu'ils devaient fournir au sémestre de décembre, de sorte que la nouvelle imposition arrêtée par la Chambre des syndics et députés, le 31 janvier dernier, pour subvenir aux dépenses dont la commune est chargée, ne peut être assise, ce qui produit l'impossibilité de payer les récompenses des captures et les indemnités, d'ou résulte le ralentissement de l'ardeur des détachements, et d'où s'en suivrait infailliblement l'inutilité d'un règlement aussi utile, s'il n'y était pourvu par la Cour.

NOTA. Il est à observer que les registres où se trouvent transcrits les lois et règlements de la période de la Compagnie française des Indes, contiennent en même temps et indistinctement les arrêts en matière civile rendus par le Conseil supérieur. Ceci explique pourquoi il se trouve des registres où il n'existe qu'un très-petit nombre de lois et règlements.

FIN

Lille. Typ. L. Lefort. 1879.

Lille. Typ. L. Lefort. 1858.